Voyages et voyages de Marco Paul au Vermont

Jacob Abbott

Writat

Cette édition parue en 2024

ISBN : 9789359947341

Publié par
Writat
email : info@writat.com

Contenu

PRÉFACE.

La conception de la série de volumes, intitulée LES AVENTURES DE MARCO PAUL À LA POURSUITE DU SAVOIR , n'est pas seulement de divertir le lecteur avec un récit d'aventures juvéniles, mais aussi de communiquer, à leur sujet, des informations aussi complètes et variées que possible, en ce qui concerne la géographie, les paysages, les coutumes et les institutions de ce pays, tels qu'ils se présentent à l'observation du petit voyageur, qui fait ses excursions sous la direction d'un compagnon intelligent et bien informé, qualifié pour l'assister. dans l'acquisition de connaissances et dans la formation du caractère. L'auteur s'est efforcé d'animer son récit et d' y insuffler des éléments d'une influence morale salutaire, au moyen d'incidents personnels arrivant aux acteurs de l'histoire. Ces incidents sont, bien sûr, imaginaires, mais le lecteur peut se fier à la vérité et à la fidélité strictes et exactes de toutes les descriptions de lieux, d'institutions et de scènes qui lui sont présentées à l'esprit au cours du récit. Ainsi, bien que l'auteur espère que les lecteurs qui honoreront ces volumes de leur lecture en seront amusés et intéressés, son dessein sera toujours d'instruire plutôt que de divertir.

CHAPITRE I.

VOYAGER.

Lorsque M. Baron, le père de Marco, confia Marco aux soins de son cousin Forester, son intention était qu'il passe une partie considérable de son temps à voyager et à faire des exercices en plein air, de nature à rétablir l'ordre. sa santé et renforcer sa constitution. Il n'avait cependant pas l'intention de lui faire abandonner complètement l'étude des livres. Ainsi, à un moment donné, pendant près de trois mois, Marco resta chez Forester, parmi les Montagnes Vertes du Vermont, où il étudiait plusieurs heures par jour.

C'est au début de l'automne que lui et Forester se rendirent au Vermont. Ils voyageaient en diligence. Le Vermont se trouve d'un côté de la rivière Connecticut et le New Hampshire de l'autre côté. Les Montagnes Vertes s'étendent de haut en bas, à travers le milieu du Vermont, du nord au sud, et au-delà de ces montagnes, du côté ouest de l'État, se trouve le lac Champlain , qui s'étend également du nord au sud et forme la limite ouest. Ainsi, les Montagnes Vertes divisent l'État en deux grandes portions, l'une descendant vers l'est, vers la rivière Connecticut, et l'autre vers l'ouest, vers le lac Champlain . Il existe donc deux grandes voies d'accès au Vermont depuis les États situés au sud de celui-ci : l'un en amont de la rivière Connecticut du côté est et l'autre le long des rives du lac George et du lac Champlain du côté ouest. Il existe également des routes traversant les Montagnes Vertes, menant de la partie orientale de l'État à l'ouest. Tout cela peut être vu en regardant n'importe quelle carte du Vermont.

Marco et Forester remontèrent la rivière Connecticut. La route longeait la rivière et le paysage était très agréable. Ils voyageaient en diligence ; car il y avait très peu de chemins de fer à cette époque.

Le pays était cultivé et fertile, et la vue, depuis les fenêtres du carrosse, était très belle. Parfois de larges prairies et des intervalles s'étendaient le long de la rivière, et à d'autres endroits, de hautes collines couvertes d'arbres s'avançaient près du ruisseau. Ils pouvaient également voir les fermes, les villages et les collines verdoyantes de l'autre côté de la rivière, du côté du New Hampshire.

Le deuxième jour de leur voyage, ils quittèrent le fleuve par une route qui conduisait à l'intérieur du pays ; car le village où résidait le père de Forester se trouvait au milieu des montagnes. Ils avaient aussi de nouveaux compagnons dans le car, ce deuxième jour, ainsi qu'un nouvel itinéraire ; car la compagnie qui était dans la voiture la veille devait se séparer le matin, pour partir dans des directions différentes. Plusieurs diligences se présentaient le matin, juste après le petit déjeuner, à la porte de la taverne, avec sur leurs côtés les noms des endroits où elles allaient. L'un était marqué « Haverhill et Lancaster » ; un autre, « Middlebury » ; et un troisième, « Concord et Boston » ; et il y avait un véhicule bizarre, une sorte de fourre-tout, ouvert à l'avant et tiré par deux chevaux, qui n'avait pas de nom dessus, et Marco ne pouvait donc pas dire où il allait. Tandis que ces divers carrosses et voitures arrivaient à la porte, les valets et les chauffeurs mettaient les bagages et les attachaient avec de grandes sangles, puis déposaient les passagers ; et ainsi les voitures, l'une après l'autre, s'éloignaient. L'ensemble du mouvement formait une scène très mouvementée, et Marco, debout sur la place devant la taverne, l'appréciait beaucoup.

Il y avait un très grand orme devant la porte, avec des marches pour monter et des sièges parmi les branches. Marco y monta et resta assis quelque temps, regardant les voitures qui tournaient autour de l'arbre, en s'approchant de la porte. Puis il redescendit sur la place.

Le grand orme

Il y avait une jeune femme bien habillée, un petit pot de fleurs à la main, debout près de lui, attendant son tour. Il y avait un petit oranger dans son pot de fleurs. Il mesurait environ six pouces de haut. La vue de cet oranger intéressa beaucoup Marco, car il lui rappelait sa maison. Il avait souvent vu des orangers pousser dans les salons et les serres de New York.

"Quel joli petit oranger !" dit Marco. "Où l'avez-vous obtenu?"

"Comment saviez-vous que c'était un oranger ?" dit la jeune fille.

" Oh , je connais assez bien un oranger", répondit Marco. "Je les ai vus plusieurs fois."

"Où?" demanda la jeune fille.

"A New York", a déclaré Marco. "Votre oranger vient-il de New York ?"

"Non", dit la jeune fille. " J'ai planté une graine d'oranger et elle est sortie de là. J'ai aussi un citronnier," ajouta-t-elle, " mais il est beaucoup plus gros. Le citronnier pousse plus vite que l'orange. Mon citron -l'arbre est si grand que je n'ai pas pu le ramener très bien à la maison, alors je l'ai laissé dans le moulin."

"Dans le moulin ?" dit Marco. "Es-tu meunier ?"

La fille a ri. C'était une fille de très bonne humeur et elle ne paraissait pas mécontente, même s'il n'était certainement pas tout à fait convenable que Marco parle ainsi à un étranger. Elle ne répondit cependant pas à sa question, mais dit, après une pause :

"Savez-vous où se trouve la scène de Montpellier ?"

Le sens anglais propre du mot *stage* est une *portion de route* parcourue entre un lieu de repos et un autre. Mais aux États-Unis, il est utilisé pour désigner le carrosse, sorte de contraction de *stage-coach* .

"Non," dit Marco, " *nous* arrivons à cette étape-là."

"J'aimerais que cela arrive", dit la jeune fille, "car j'en ai marre de surveiller ma malle."

"Où est ta malle ?" dit Marco.

Alors la jeune fille lui montra sa malle. C'était sur le quai de la place, près de ceux de Forester et de Marco. La jeune fille a montré à Marco son nom, qui était Mary Williams, écrit sur une carte au bout de celle-ci.

"Je vais surveiller ta malle", dit Marco, "et tu pourras entrer et t'asseoir jusqu'à ce que l'étape arrive."

Mary le remercia et entra. Elle n'était cependant pas tout à fait sûre que son bagage soit en sécurité, confié ainsi à la garde d'un garçon étranger, et elle s'assit donc près de la fenêtre, d'où elle pouvait le surveiller. Il y avait un coffre bleu près de ces malles, qui ressemblait à un coffre de marin, et Marco, fatigué de rester debout, s'assit sur ce coffre. Cependant, à peine s'était-il assis, qu'il aperçut un carrosse avec quatre chevaux, qui tournait au coin d'un coin. Elle était conduite par un petit garçon pas plus grand que Marco. Il s'est dirigé vers la porte et s'est arrêté. Certains hommes enfilent alors le coffre de marin et les malles. Mary Williams est sortie et est montée dans la voiture. Elle s'est assise sur la banquette arrière. Forester et Marco montèrent et prirent place sur le siège du milieu. Un jeune homme, habillé comme un marin, prenait place à l'avant, dans un coin du car. C'étaient tous les passagers qui devaient monter ici. Quand tout fut prêt, ils partirent.

La scène s'arrêta cependant quelques minutes plus tard à la porte d'une belle maison de la ville et fit entrer un monsieur et une dame. Ces nouveaux passagers prirent place sur la banquette arrière, avec Mary Williams.

Cette compagnie a roulé dans un silence parfait pendant un certain temps. Forester sortit un livre et commença à lire. Le monsieur sur la banquette arrière s'est endormi. Mary Williams et Marco regardaient par les fenêtres, observant le paysage changeant. Le marin chevauchait en silence ; remuant ses lèvres de temps en temps, comme s'il parlait à lui-même, mais ne prêtant attention à personne. La voiture s'arrêtait dans les villages qu'ils traversaient, pour échanger le courrier et parfois prendre de nouveaux passagers. Au cours de ces changements, Marco fit déplacer sa place sur le siège avant à côté du marin, et il entra peu à peu en conversation avec lui. Marco introduisit la conversation en demandant au marin s'il savait à quelle distance se trouvait Montpellier.

"Non", dit le marin, "je ne compte pas, mais j'aurais aimé que nous soyons là."

"Pourquoi?" demanda Marco.

" Oh , je m'attends à ce que la vieille charrette chavire quelque part parmi ces montagnes et nous brise le cou."

Marco avait observé toute la matinée que lorsque la voiture s'inclinait d'un côté ou de l'autre, à cause des inégalités de la route, le marin partait toujours et avait l'air anxieux, comme s'il avait peur d'être renversé. Il s'étonnait qu'un homme apparemment habitué aux terribles dangers de la mer puisse s'alarmer des douces oscillations d'une diligence.

"Avez-vous peur que nous soyons contrariés ?" demanda Marco.

"Oui", dit le marin, "au-dessus de certains de ces précipices et montagnes; et alors ce sera notre fin."

Le marin dit cela d'une manière facile et négligente, comme si, après tout, le danger ne le préoccupait pas beaucoup. Pourtant, Marco était surpris de devoir le craindre. Il ne se rendait pas compte à quel point les craintes qu'éprouvent les gens sont causées par la simple nouveauté du danger qu'ils courent. Un conducteur de théâtre, calme et posé sur sa loge, dans une nuit sombre et sur des routes dangereuses, sera alarmé par le carénage d'un navire sous une douce brise de mer , tandis que le marin qui rit d'un coup de vent du vent sur l'océan, a peur de monter en calèche sur terre.

" Vous n'êtes pas marin ? " demanda Marco.

"Oui", répondit son compagnon.

"Je ne devrais pas penser qu'un homme habitué à la mer aurait peur de se perdre dans un car."

"Je ne suis pas un *homme* ", a déclaré le marin.

"Qu'est-ce que tu es?" dit Marco.

"Je suis un garçon. Je n'ai que dix-neuf ans, mais je serai qualifié de marin lors du prochain voyage."

« Vous revenez d'un voyage ? demanda Marco.

"Oui", dit le marin. "J'ai fait le tour du Horn en baleinière, depuis le vieux Nantuck . Et maintenant je rentre chez moi voir ma mère."

"Depuis combien de temps tu ne l'as pas vue ?" demanda Marco.

" Oh ! ça fait quatre ans que je me suis enfui. "

Ici, le marin commença à parler sur un ton un peu plus bas qu'auparavant, de sorte que Marco seul pouvait entendre. Cela n'était pas difficile, car les autres passagers étaient à ce moment-là en conversation.

"Je me suis enfui", poursuit le marin, "et j'ai pris la mer il y a environ quatre ans."

"Qu'est-ce qui t'a poussé à t'enfuir ?" demanda Marco.

" Oh , je ne voulais pas rester à la maison et être maltraitée. Mon père me maltraitait ; mais ma mère a pris mon parti, et maintenant je veux aller la voir. "

"Et voir ton père aussi", dit Marco.

"Non", dit le marin. "Je m'en fiche. J'espère qu'il est parti quelque part. Mais je veux voir ma mère. J'ai un châle pour elle dans ma poitrine."

Marco a été choqué d'entendre un jeune homme parler ainsi de son père. Il y avait cependant quelque chose dans la franchise et l'ouverture d'esprit du marin qui lui plaisait beaucoup. Il aimait aussi entendre son langage étrange et marin, et il entama donc une longue conversation avec lui. Le marin lui raconta ses aventures pendant le voyage ; comment il fut un jour tiré du navire, sur plusieurs milles, par une baleine qu'ils avaient harponnée ; comment ils attrapèrent un requin et le hissèrent sur le pont au moyen d'une poulie au bout de la vergue ; - et comment, pendant le voyage de retour, le navire a été conduit pendant cinq jours sous un terrible coup de vent, sous des poteaux nus, avec une mer terrible rugissant derrière eux tout le long du chemin. Ces descriptions ont fortement occupé l'imagination de Marco. Son œil s'éclaira et il devint agité sur son siège, pensant qu'il donnerait au monde une chance de se tenir debout à la proue d'un bateau et de mettre un harpon dans le cou d'une baleine.

Pendant ce temps , le jour avançait et la route pénétrait dans un pays de plus en plus montagneux. Les collines étaient plus longues et plus abruptes, et les étendues de forêt plus fréquentes et solitaires. Le nombre de passagers augmenta également, jusqu'à ce que l'autocar soit assez lourdement chargé ; et parfois, toutes les passagères, sauf les femmes, sortaient et gravissaient les collines. Dans ces occasions, Forester et Marco se promenaient généralement ensemble, parlant des incidents de leur voyage, ou des occupations et des divertissements qu'ils espéraient s'adonner en arrivant chez Forester. Vers le milieu de l'après-midi, la voiture s'arrêta au pied d'une longue montée sinueuse, raide et pierreuse, et plusieurs passagers descendirent. Forester, cependant, resta à l'intérieur, car il était fatigué de marcher, et Marco et le marin marchèrent donc ensemble. Le marin, constatant à quel point Marco s'intéressait à ses histoires, apprécia sa compagnie et demanda enfin à Marco où il allait. Marco lui a dit.

" Ah ! si tu partais en voyage avec moi, dit le marin, cela ferait de toi un homme. Je n'irais pas m'enfermer avec ce vieux con, plongé dans des livres pour toujours. "

Marco était mécontent d'entendre le marin traiter son cousin de vieux con, et il éprouvait quelques scrupules de conscience à l'idée de nouer et de maintenir une intimité avec une telle personne. Pourtant, il était tellement intéressé à l'entendre parler qu'il continua à marcher avec lui jusqu'au sommet de la colline. Finalement, le marin lui proposa justement de s'enfuir et de prendre la mer avec lui.

"Oh non," dit Marco, "je ne ferais une chose pareille pour rien au monde. En plus," dit-il, "ils nous poursuivraient et me ramèneraient."

"Non", dit le marin; "Nous traverserions le pays, voyageant la nuit et nous arrêtant le jour, jusqu'à ce que nous arrivions à une autre route d'étape, puis ferions un sillage droit, jusqu'à ce que nous arrivions à New Bedford, et là nous pourrions faire un bon voyage. Venez ", dit-il, " allons-y ce soir. Je ferai demi-tour. Je ne me soucie pas beaucoup de voir ma mère.

Même si Marco était un garçon très audacieux et aventureux, il n'était toujours pas tout à fait préparé à une telle proposition. Au cours de la conversation, le marin a également utilisé un langage inapproprié et violent, que Marco n'aimait pas entendre ; et, en fait, Marco commençait à avoir un peu peur de sa nouvelle connaissance. Il résolut, dès son retour à la voiture, de rester tout le temps près de Forester, afin de ne plus se retrouver seul avec le marin. Il essaya de se hâter pour rattraper la voiture, mais le marin lui dit de ne pas marcher si vite ; et, ne voulant pas l'offenser, il fut obligé d'avancer lentement et de le suivre ; et cela prolongea ainsi la conversation.

La colline.

À peu près à mi-hauteur de la colline, il y avait une petite taverne et le marin voulait que Marco l'accompagne prendre un verre. Marco pensait qu'il parlait d'un verre d'eau, mais c'était en réalité un verre de spiritueux qui était prévu. Marco, cependant, a refusé d'y aller, affirmant qu'il n'avait pas soif ; et ainsi ils continuèrent à gravir la colline. Au sommet de la colline, la diligence s'est arrêtée pour permettre aux piétons de monter. Il y avait aussi un autre

passager à monter , une femme qui sortait d'une ferme voisine . Le chauffeur
a demandé au marin s'il ne voulait pas sortir dehors, afin de faire de la place
au nouveau passager. Mais il ne le ferait pas. Il avait peur. Il a dit qu'il ne ferait
pas cinq miles à l'extérieur pour un mois de salaire. Marco s'est moqué des
craintes du marin et a immédiatement demandé à Forester de *le laisser* sortir
dehors. Forester hésita, mais en levant les yeux et voyant qu'il y avait un siège
sûr, avec un bon endroit où s'accrocher, il consentit. Alors Marco grimpait et
prenait place avec le conducteur, pendant que les autres passagers se
réinstallaient dans l'estrade.

Chapitre II.

Les accidents.

Marco aimait beaucoup son siège à l'extérieur de la diligence. Il pouvait voir tout le pays autour de lui avec un grand avantage. Il était très intéressé par les paysages, n'ayant pas l'habitude de voyager parmi les forêts et les montagnes. Le conducteur était un jeune homme rude, car le garçon qui conduisait la voiture jusqu'à la porte n'était pas le conducteur habituel. Il n'était pas disposé à beaucoup parler, et son ton et ses manières, dans ce qu'il disait, n'indiquaient pas une disposition très douce. Marco, cependant, finit par le connaître un peu et proposa finalement au chauffeur de *le laisser* conduire.

"C'est absurde," répondit-il, "vous n'êtes pas assez grand pour diriger une telle équipe."

"Eh bien, il y avait un garçon, pas plus grand que moi, qui conduisait les chevaux jusqu'à la porte quand nous sommes partis, ce matin," répondit Marco.

"Oh oui, Jerry," dit le chauffeur, "mais il se brisera le cou un de ces jours."

"Je n'ai pas vu qu'il conduisait très bien", a déclaré Marco.

Le chauffeur était silencieux.

"Viens," insista Marco, "laisse-moi faire un petit bout de chemin, et j'en ferai autant pour toi un jour."

"Espèce de petit imbécile", dit le chauffeur, "tu ne pourras jamais rien faire pour moi. Tu n'es pas assez grand pour être d'une quelconque utilité."

Marco pensa à la fable de la souris et du lion, mais comme son nouveau compagnon était de si mauvaise humeur, il pensa qu'il ne lui en dirait pas davantage. Une réponse pleine de ressentiment à l'épithète de « petit imbécile » lui monta effectivement aux lèvres, mais il la réprima et ne dit rien.

C'était une chance pour Marco qu'il l'ait fait. Car chaque fois que quelqu'un a dit quelque chose de dur, d'injuste ou de cruel, la réponse la plus efficace est généralement le silence. Cela laisse le délinquant réfléchir à ce qu'il a dit, et sa conscience le réprimande souvent en silence, bien plus efficacement que les mots ne pourraient le faire. Ce fut le cas en l'occurrence. Tandis qu'ils roulaient en silence, l'écho des mots « petit imbécile » et le ton avec lequel il les avait prononcés persistaient à l'oreille du conducteur. Il ne pouvait s'empêcher de penser qu'il avait été plutôt dur avec son petit passager. À l'heure actuelle, il dit :

"Mais je m'en fiche , nous arrivons à un terrain plat un peu plus loin, et ensuite je verrai ce que vous pouvez faire en faisant équipe."

Marco était très content de ce résultat inattendu, et après dix ou quinze minutes, ils arrivèrent à la route plate et le conducteur remit les rênes dans la main de Marco. Marco conduisait parfois deux chevaux lorsqu'il se promenait avec son père en calèche sur Bloomingdale Road , à New York. Il n'était donc pas tout à fait étranger au maniement des rênes ; Il les prit des mains du cocher et imita avec dextérité la manière de les tenir qu'il avait observé que le cocher lui-même adoptait.

En fait, les chevaux n'avaient besoin que de très peu de conseils. Ils suivirent la route très tranquillement, de leur propre gré. Marco souhaitait sans cesse qu'un chariot ou quelque chose d'autre arrive, qu'il puisse avoir la satisfaction de venir. Mais rien de pareil ne se présenta, et il fut obligé de se contenter de se tourner un peu de côté pour éviter une pierre. Au bout du chemin plat, il y avait une taverne où ils allaient s'arrêter pour changer les chevaux, et Marco demanda au cocher de le laisser conduire les chevaux jusqu'à la porte. Le cocher consentit, surveillant tout le temps, prêt à reprendre les rênes à tout moment, s'il y avait eu quelque apparence de difficulté. Mais il n'y en avait pas. Marco guida les chevaux à droite, et tirant les rênes de toutes ses forces, il les conduisit proprement à la porte ; ou plutôt, il semblait le faire, car, en réalité, les chevaux agissaient probablement autant de leur propre gré, étant habitués à s'arrêter à cet endroit, que du contrôle que Marco exerçait sur eux par les rênes.

Il y avait cependant un avantage à cette évolution, car Marco s'habituait à la sensation des rênes dans sa main et acquérait une sorte de confiance dans son pouvoir sur les chevaux, plus grande, bien sûr, qu'il n'y avait de juste terrain. car, mais qui devint un récit très important, quelques heures après, comme on le verra dans la suite.

Le marin entra plusieurs fois dans les tavernes en chemin, au cours de l'après-midi, pour boire, jusqu'à ce qu'il finisse par s'enivrer partiellement. Il se sentait cependant tellement retenu en présence des passagers à l'intérieur de la voiture, qu'il ne devint pas bavard et bruyant, comme c'est souvent le cas en pareille circonstance ; mais il était plutôt stupide et somnolent. En fait, personne ne remarqua que son état changeait, jusqu'à ce qu'enfin, alors qu'il sortait de la porte d'une taverne, où il était allé prendre un autre verre, le chauffeur dit :

"Viens, Jack, tu dois me rejoindre maintenant, il y a un autre passager qui doit monter ici."

Marco, qui était toujours sur son siège, tenant les rênes des chevaux, baissa les yeux, s'attendant à ce que le matelot fasse des objections à cette proposition, mais il constata, au contraire, que Jack, comme on l'appelait, acquiesça sans fait des difficultés et a permis au chauffeur de l'aider à se relever. Le nouveau passager est monté à bord. Forester se sentait quelque peu mal à l'aise à l'idée de laisser Marco monter plus longtemps au sommet, surtout maintenant que le marin montait également. Mais le car était plein. Lui-même était calé sur son siège, de sorte qu'il ne pouvait pas en sortir facilement. Il savait aussi que deux ou trois passagers allaient descendre à l'étape suivante, et il décida donc de laisser Marco rester dehors jusqu'à ce moment-là, puis de le faire rentrer.

L'admiration de Marco pour le marin fut beaucoup diminuée lorsqu'il vit à quel point il s'était rendu impuissant par ses excès et avec quelle sans ménagement le conducteur le tirait et le traînait pour le faire asseoir.

" Tenez bon, lui dit le cocher d'une voix sévère, tenez bon, ou vous serez tête baissée sous les talons des chevaux, au premier pas où nous arriverons. "

Le pauvre marin ne dit rien, mais saisit une barre de fer qui passait du haut de la voiture jusqu'au côté du siège, et s'y tenait du mieux qu'il pouvait.

Ils poursuivirent ainsi leur route pendant quelques milles, la tête du marin se balançant d'avant en arrière, impuissant, comme s'il était presque endormi. Chaque fois que Marco ou le chauffeur lui parlait, soit il répondait d'une voix épaisse et endormie, soit il ne répondait pas du tout. Marco l'observa un moment, craignant continuellement qu'il ne tombe. Il ne pouvait cependant rien faire pour l'aider, car lui-même était assis à un bout du siège tandis que le matelot était à l'autre, le conducteur étant entre eux. Pendant ce temps, le soleil se couchait peu à peu et le crépuscule arrivait, et à mesure que les ombres s'étendaient lentement sur le paysage, Marco commençait à trouver les promenades dehors moins agréables qu'auparavant, et il pensait que, dans l'ensemble, il Il devrait être très heureux quand le moment sera venu pour lui de remonter dans le carrosse, avec son cousin.

Enfin ils arrivèrent à un pont couvert de planches qui traversait un petit ruisseau. C'était dans un endroit plutôt solitaire, avec des bois de chaque côté de la route. Au-delà du pont, il y avait un morceau de route plate sur une courte distance, puis une légère montée, avec une ferme près du sommet, sur le côté droit de la route. A l'extrémité du pont, entre les planches et le sol au-delà, il y eut une secousse, provoquée par la pourriture d'un rondin qui était enfoncé dans le sol au début du bordage. Comme il faisait assez sombre, à cause de l'ombre des arbres, le conducteur ne remarqua pas cette secousse, et il commençait à peine à mettre ses chevaux au trot, au moment où ils quittaient le pont, lorsque les roues avant heurtèrent lourdement. dans le creux, donnant à l'avant de l'entraîneur un brusque inclinaison vers l'avant et vers le bas. Marco saisit la barre de fer à son extrémité du siège et se sauva ; et le conducteur, qui était habituellement sur ses gardes, avait les pieds tellement appuyés contre l'aile devant lui, qu'il ne serait pas tombé. Mais le pauvre marin, absolument pas préparé au choc, et peut-être incapable d'y résister s'il avait été préparé, tanguait en avant, perdait prise, passait par-dessus le pare-battage et tombait, comme le conducteur l'avait prédit, la tête en avant, sous les talons des chevaux. Le conducteur le saisit d'une main, mais, trouvant cela insuffisant, lâcha ses rênes et essaya de le saisir des deux. Ce faisant, cependant, il perdit l'équilibre et tomba également. Bien sûr, il a lâché le marin lorsqu'il a découvert qu'il y allait lui-même. Le marin tomba lourdement et impuissant entre le poteau et le flanc d'un des chevaux, jusqu'au sol. Le chauffeur a suivi. Il saisit le bâton d'une main, mais il était trop tard pour se sauver entièrement, et pensant qu'il y avait danger d'être traîné, et voyant que les chevaux s'élançaient en avant avec effroi, il se laissa tomber à terre également. La voiture les dépassa en un instant, tandis que les chevaux galopaient.

Tout cela se passa en un instant, et Marco, avant d'avoir eu un moment de réflexion, se retrouva seul sur son siège, le cocher écrasé et peut-être tué, et les chevaux s'éloignaient au galop, les rênes pendantes sur leurs talons. La première impulsion, dans un tel cas, aurait été de crier à haute voix, de terreur, ce qui n'aurait fait que faire courir les chevaux plus vite. Mais Marco n'était pas très facilement effrayé ; du moins, la peur ne le rendait pas facilement fou. Alors il n'a pas crié ; et ne sachant que faire d'autre, il resta assis et ne fit rien.

L'accident.

Pendant ce temps , les passagers à l'intérieur ne savaient rien de tout cela. Beaucoup d'entre eux dormaient lorsqu'ils traversèrent le pont. La secousse les avait un peu réveillés, mais rien ne leur indiquait l'accident qui s'était produit en avant, alors ils s'installèrent tranquillement sur leurs sièges et tâchèrent de se ressaisir pour dormir à nouveau.

Les chevaux étaient bien entraînés et doux. Ils galopèrent jusqu'à ce que le terrain plat s'étende, puis ils ralentissèrent le pas à mesure qu'ils commencèrent à gravir la montée. L'idée vint alors à Marco, que peut-être il pourrait descendre par-dessus le pare-battage jusqu'au poteau, puis marcher un peu dessus jusqu'à ce qu'il puisse rassembler les rênes. Puis il pensa que s'il pouvait revenir avec eux à la place du conducteur, peut-être pourrait-il arrêter les chevaux. Marco était un grimpeur expert. Il avait appris cet art dans son gymnase de New York ; de sorte qu'il n'avait aucune crainte quant à sa capacité à descendre et à revenir. Le seul danger était qu'il n'effraye de nouveau les chevaux et ne les fasse courir de nouveau.

Après un moment de réflexion, il conclut qu'il essaierait en tout cas ; alors il enjamba prudemment l'aile et descendit. Lorsque ses pieds atteignirent le poteau, il les posa un moment dessus et s'accrocha avec ses mains à l'aile et à d'autres parties de l'avant de la voiture. Il trouva sa position ici plus instable qu'il ne l'avait imaginé ; car le carrosse étant sur ressorts, la partie avant montait et descendait avec de nombreuses secousses et élans, à mesure que les chevaux avançaient rapidement, tandis que le poteau était maintenu dans sa position droite et ferme. Ainsi les différentes parties de son corps étaient reliées à différents systèmes de mouvements, ce qui rendait sa position très inconfortable.

Il découvrit cependant, après un moment de pause, qu'il pouvait se tenir debout et probablement marcher sur le poteau ; il s'avança donc avec précaution, mettant ses mains sur le dos des chevaux et marchant sur la perche entre eux. Les chevaux furent quelque peu troublés par les sensations étranges qu'ils éprouvaient, et recommencèrent à galoper ; mais Marco, qui se sentait de plus en plus confiant à chaque instant, poussa hardiment, rassembla les rênes et rassembla tous les bouts. Puis, prenant d'une main les extrémités des rênes, il recula en rampant, s'appuyant sur le harnais d'un des chevaux de l'autre main. C'est ainsi qu'il regagna la voiture, puis, quoique avec quelque difficulté, il remonta à sa place.

Il s'efforça alors d'arrêter les chevaux en rassemblant les rênes et en les tirant de toutes ses forces ; mais ce fut en vain. Les chevaux avaient alors atteint une partie de la route où elle était plus plate, et ils commencèrent à avancer à un rythme plus rapide. Marco pensa appeler Forester pour qu'il sorte par la fenêtre et grimpe le long du carrosse jusqu'à la loge, afin de l'aider ; mais juste à ce moment il vit qu'ils arrivaient en face de la ferme, qu'ils avaient vue de loin, lorsqu'ils traversaient le pont. Il pensa donc que même s'il ne pouvait pas arrêter les chevaux, il aurait peut-être assez de force pour les détourner de la route et entrer dans la cour du fermier ; et qu'alors ils pourraient être plus facilement arrêtés. En cela, il a réussi. En retirant les rênes des dirigeants de toutes ses forces, il a réussi à les mettre hors de la route. Les chevaux de perche suivirent naturellement , la voiture arriva avec un mouvement gracieux jusqu'à la porte du fermier, puis les chevaux furent facilement arrêtés. Le fermier se présenta aussitôt à la porte pour voir quelle étrange compagnie était venue lui rendre visite sur la scène, sa femme le suivant ; tandis que plusieurs enfants se pressaient aux fenêtres.

"Qu'est ce qu'il y a ici?" dit une voix par la fenêtre de la voiture, "un bureau de poste ?" On croyait que la scène avait été conduite jusqu'à la porte d'un bureau de poste.

Marco ne répondit pas ; en fait , il était déconcerté et confus devant l'étrangeté de sa situation. Il regarda par-dessus le toit de l'autocar sur la route pour voir ce qu'était devenu le conducteur. À sa grande joie, il le vit courir derrière le carrosse, son chapeau écrasé et ses vêtements poussiéreux. Les passagers regardaient par les fenêtres de la scène en s'exclamant :

"Pourquoi, chauffeur ! qu'y a-t-il ?"

Le chauffeur ne répondit rien. Il commença à brosser ses vêtements et, ôtant son chapeau, il essaya de lui redonner sa forme.

"Qu'y *a* -t-il, chauffeur ?" dirent les passagers.

"Rien", répondit-il, "seulement cet ivrogne de marin est tombé de la scène."

"Où?" "Quand?" s'exclamèrent une demi-douzaine de voix. "Est-il tué ?"

"Tué ? non", répondit le chauffeur ; "Je ne crois même pas qu'il soit sobre."

Forester et un autre homme ont alors demandé de toute urgence où il se trouvait, et le chauffeur leur a répondu qu'il était « là-bas un peu », comme il l'a exprimé.

"Quoi ! allongé sur la route ?" dit Forestier ; "Ouvrez la porte et allons le voir."

"Non", dit le chauffeur; "Il s'est mis sur le bord de la route, sain et sauf. Je ne crois pas qu'il ait été blessé. Laissez-le se soigner et nous continuerons notre route."

Mais Forester protesta vivement contre le fait de laisser le pauvre marin dans un tel état et dans un tel endroit ; et finalement il fut convenu que le fermier descendrait la route et s'occuperait de lui, afin de permettre à la diligence avec les passagers de continuer.

Forester n'était cependant pas disposé à laisser Marco dehors plus longtemps ; et ainsi ils s'arrangeèrent pour lui faire de la place à l'intérieur. Alors que Marco descendait de son siège élevé, le chauffeur lui dit, en le dépassant, à voix basse :

"Comment as-tu eu les rênes ? Je pensais qu'elles étaient toutes tombées avec moi, sous les talons des chevaux."

"Oui," dit Marco, "ils l'ont fait, et je suis descendu sur le poteau et je les ai récupérés."

"Eh bien," dit le chauffeur, "tu es un garçon intelligent. Mais ne leur dis pas à l'intérieur que je suis tombé. Dites-leur que je t'ai donné les rênes et que j'ai sauté pour voir le marin."

Après avoir reçu cette accusation, Marco aurait été fortement tenté de mentir si la compagnie dans le car lui avait posé des questions à ce sujet. Mais ils ne l'ont pas fait. Ils étaient tellement occupés à exprimer leur étonnement que le matelot ne se soit pas cassé le cou, qu'ils posèrent très peu de questions, et après avoir roulé un peu de temps, ils retombèrent dans le silence. Le fait que le conducteur et le marin aient échappé à des blessures graves n'était pas aussi merveilleux qu'il y paraît. Les chevaux font généralement preuve d'une prudence instinctive et ne doivent pas marcher sur quoi que ce soit sous leurs pieds. Si un petit enfant dormait au milieu d'un chemin, et qu'un cheval vienne au galop sans aucun cavalier, la mère, qui verrait ce spectacle par la fenêtre de la maison, serait sans doute extrêmement terrifiée ; mais selon toute probabilité, le cheval dépasserait l'enfant sans lui faire de mal. Il sautait par-dessus ou en contournait, comme il le ferait s'il s'agissait d'une pierre. C'est l'une des raisons pour lesquelles, dans de nombreux cas, des personnes sont écrasées sans être blessées. Cependant le cocher et le matelot tombèrent un peu derrière les chevaux et leur échappèrent ainsi, et ils descendirent si exactement au milieu de la route, qu'ils se trouvèrent à l'écart de la trace des roues. et ainsi ils ont échappé à des blessures graves.

Mais les malheurs de la soirée ne se sont pas arrêtés là. La route était assez accidentée, et il y avait beaucoup d'ornières et de cahots ; et un ou deux des passagers semblaient éprouver une certaine crainte que la scène ne se renverse. L'un d'eux, qui était assis près de la porte, passa son bras par la fenêtre au-dessus de la porte, de manière à mettre la main sur la poignée du loquet, afin, comme il le disait, d'être prêt à ouvrir la porte et à sortir : à un moment d'avertissement. Le monsieur assis sur la banquette arrière lui a conseillé de ne pas le faire.

« Si vous avez le bras tendu, dit-il, le carrosse peut tomber dessus et le casser. C'est ainsi que les gens se blessent en renversant les carrosses, en projetant leurs jambes et leurs bras dans toutes les directions, lorsqu'ils trouvez qu'ils dépassent, et ainsi les briser. Vous devez croiser les bras et rentrer les pieds, et quand vous constatez que nous passons, allez dans une attitude facile, avec tous les muscles détendus, comme si votre corps c'était un sac de maïs.

Le passager a ri et a pris son bras ; et tous les autres passagers, voyant que l'avis de monsieur était raisonnable, décidèrent de le suivre s'ils en avaient l'occasion. Et ils en ont eu l'occasion plus tôt que prévu. Car, juste après la tombée de la nuit, alors qu'ils descendaient une longue colline à un rythme assez rapide, avec un chariot à une courte distance devant eux, l'un des chevaux du chariot trébucha et tomba, ce qui amena le chariot à s'arrêter brusquement juste avant. l'entraîneur. Le cocher s'aperçut aussitôt qu'il n'avait pas le temps d'arrêter ses chevaux et que la seule chance était de quitter la route et de passer. Le terrain au bord de la route était si incliné, qu'il craignait presque d'oser cet expédient, mais il n'avait pas le temps de réfléchir. Il fit sortir ses chevaux, échappa de peu à la roue arrière du chariot, courut le long du chemin sur une courte distance, avec les roues d'un côté, tout près du caniveau, et puis, juste au moment où il revenait sain et sauf sur la route, la roue avant la plus proche du milieu de la route, heurta une petite pierre et renversa la voiture. La cime reposait sur la berge, et les chevaux s'arrêtèrent brusquement. Quelquefois, dans de telles occasions, le boulon *du tableau arrière* , comme on l'appelle, c'est-à-dire le boulon par lequel les roues avant sont fixées à la voiture, sort, et les chevaux s'enfuient avec les roues.

Toutefois, cela n'a pas été le cas dans ce cas-ci. L'homme qui avait passé son bras par la fenêtre cria aussitôt, très alarmé : « Retenez les chevaux ! Tenez les chevaux ! Ne laissez pas les chevaux courir et nous traîner. Mais cette vocifération était inutile. Un autocar rempli de passagers et de bagages est un chargement complet pour quatre chevaux, lorsqu'il est monté sur roues. Il leur faudrait un effort bien au-delà de leurs forces pour le traîner sur le côté. Les chevaux restèrent donc tranquilles, tandis que le charretier et le cocher, qui n'était pas blessé, ouvraient la porte du côté supérieur de la voiture. Les passagers sont ensuite sortis un à un sans se blesser. Mary Williams sortit la dernière, son oranger en sécurité à la main.

CHAPITRE III.

LE PAYS DE L'HERBE.

La scène de confusion, produite par le double accident décrit dans le dernier chapitre, fut grande, mais ne dura pas longtemps. Le chariot releva son cheval tombé, puis les passagers, avec le conducteur et le chariot, tous tenant ensemble, redressèrent bientôt la scène. Aucun des passagers n'a été blessé, mais l'autocar lui-même a été tellement blessé que le conducteur a pensé qu'il n'était pas prudent de le charger à nouveau lourdement. Les passagères montèrent à bord, mais les hommes marchaient à côté, avec l'intention de parcourir ainsi environ quatre milles jusqu'à la taverne suivante. Forester, cependant, n'était pas enclin à faire une si longue promenade. Heureusement, à une petite distance devant eux, se trouvait une ferme qui semblait appartenir à un grand fermier économe. Les grandes granges et les hangars, les cours soignées, les murs et les clôtures bien construits, et le grand cheptel de bétail dans la cour de la grange, indiquaient la richesse et la prospérité. Forester a décidé de postuler ici pour un logement pour la nuit, pour lui et Marco. Le fermier était très disposé à les recevoir. Le conducteur ôta donc leurs malles, puis la diligence et le reste des passagers repartirent.

"Combien de temps devrons-nous rester ici ?" demanda Marco.

"Seulement jusqu'à demain", a déclaré Forester. " Une autre étape viendra demain. Nous pouvons aussi bien nous arrêter, car nous ne sommes pas pressés de rentrer. D'ailleurs, j'aimerais vous faire voir un peu le fonctionnement d'une grande ferme d'herbe. "

Marco et Forester entrèrent dans la maison et furent introduits dans une grande pièce qui semblait être à la fois un salon et une cuisine. Une grande table ronde était dressée au milieu de la salle, pour le souper. Un chien monstrueux gisait dessous, le menton appuyé sur ses pattes. Il y avait un grand bruit dans un coin, à côté du feu. Il y avait aussi des chaises à dossier droit et à assise en vannerie, un rouet, une armoire ouverte et divers autres objets similaires, qui, étant si différents des meubles que Marco avait l'habitude de voir dans le Nouveau-Mexique. Les salons de York attirèrent très fortement son attention. Marco alla s'asseoir sur le banc, et le chien se leva et vint vers lui. Le chien le regarda en face avec un regard interrogateur sérieux, qui disait clairement : « Qui es-tu ? tandis que Marco lui tapotait la tête, répondant ainsi clairement : « Un ami ». Le chien, comprenant parfaitement la réponse, parut satisfait et, se détournant, retourna à sa place sous la table.

Qui es-tu?

Un des jeunes hommes du fermier porta les malles dans une petite chambre à coucher qui donnait sur la grande pièce ; puis le fermier s'est assis et a commencé à engager une conversation avec Forester et Marco au sujet de leur accident. Forester lui parla également du marin, qui était tombé de la voiture à un ou deux milles en arrière et avait été laissé sur place. Forester a dit qu'il aimerait savoir s'il a été gravement blessé. Ensuite, le fermier a dit qu'il le laisserait prendre un cheval et une charrette le lendemain matin et qu'il reviendrait se renseigner. Ce plan a donc été accepté. Marco et Forester dînèrent bien avec la famille du fermier, puis passèrent la soirée à causer et à raconter des histoires sur les chevaux et les chiens sagaces, et sur la capture d'animaux sauvages dans les bois avec des pièges. Vers neuf heures, toute la famille s'est réunie pour les prières du soir. Après les prières, Marco et Forester se couchèrent dans leur petite chambre, où ils dormirent profondément jusqu'au matin.

Le matin, ils furent tous deux réveillés par le chant des coqs, de très bonne heure. Ils ont également entendu des mouvements dans la maison et dans la cour avant le lever du soleil ; ils se levèrent donc , s'habillèrent, et après avoir vaqué ensemble à leurs dévotions matinales dans leur chambre, devoir que Forester n'a jamais omis, ils sortirent. Marco était très intéressé par les occupations matinales de la ferme. Il y avait la traite des vaches, l'alimentation des différents animaux, et le déchargement d'un chargement de maïs, qui avait été récupéré la veille au soir et laissé sur le chariot, sur le sol de la grange, pendant la nuit . Les vaches devaient ensuite être conduites au pâturage, et le garçon qui les accompagnait prenait une bride pour attraper un cheval que Forester et Marco devaient avoir pour leur promenade. Forester et Marco l'accompagnèrent. Il n'y avait qu'une courte distance à pied jusqu'aux bars du pâturage, mais ils durent marcher un peu avant de trouver les chevaux. Enfin , ils les trouvèrent en train de manger ensemble à l'orée d'un bosquet d'arbres. Il y avait deux ou trois chevaux et plusieurs poulains à longue queue. Le garçon attrapa l'un des chevaux, qu'il appela Néron. Néron était un cheval blanc. Marco le monta et descendit, suivi des autres chevaux et des poulains. Ils mirent le cheval à l'écurie jusqu'après le petit-déjeuner, puis l'attelèrent dans le chariot. Quand tout fut prêt, le fermier leur dit d'amener le marin avec eux chez lui, s'ils constataient qu'il était blessé et qu'il ne pouvait pas voyager.

Lorsqu'ils furent assis dans le chariot et qu'ils eurent pratiquement commencé leur voyage, Marco demanda à Forester ce qu'il entendait hier soir par une ferme *d'herbe* . « Vous m'avez dit, dit -il, que vous vouliez que je voie une grande ferme d'herbe.

"Oui", répondit Forester. "Les fermes de cette partie des États-Unis peuvent être appelées fermes d'herbe. C'est le pays de l'herbe."

"N'est-ce pas tout un pays d'herbe ?" demanda Marco. "L'herbe pousse partout."

"L'herbe n'est pas autant *cultivée* partout que dans les montagnes, dans les États du nord", répondit Forester. "Les principaux articles cultivés aux États-Unis sont l'herbe, les céréales et le coton. L'herbe est cultivée dans les États du Nord, les céréales dans les États du Centre et le coton dans les États du Sud. L'herbe est la nourriture des bêtes, le Le grain est la nourriture de l'homme, et le coton est pour l'habillement. Ces différents types de culture ne sont en effet pas exclusifs dans les différents districts. De l'herbe est cultivée dans les États du centre et du sud, et une partie des céréales est cultivée dans les États du nord ; mais, en général, la grande production agricole des États du Nord est l'herbe, et ces fermes situées dans les montagnes du Vermont sont des fermes d'herbe.

« Il y a une différence frappante, » continua Forester, « entre les exploitations agricoles du Nord et les exploitations céréalières des États du Centre, ou les plantations de coton du Sud. La culture de l'herbe entraîne une grande variété d'occupations et de procédés. à la ferme, ce qui fait de la ferme un petit monde à part, alors que la culture des céréales et du coton est beaucoup plus simple et demande beaucoup moins de jugement et d'habileté. Ceci est plutôt remarquable, car on pourrait penser qu'élever de la nourriture pour les bêtes nécessiterait moins compétences que de cultiver de la nourriture ou des vêtements pour l'homme.

"J'aurais dû le penser", a déclaré Marco.

"La raison de la différence," répondit Forester, "c'est qu'en élevant de la nourriture pour animaux, il est nécessaire de garder les animaux pour la manger, sur place, car elle ne supportera pas le transport."

"Pourquoi pas?" dit Marco.

"Parce que c'est très bon marché", répondit Forester.

"Je ne pense pas que ce soit une raison", a répondu Marco.

"Une charge d'herbe" - dit Forester.

"Un tas d'herbe !" répéta Marco en riant.

"Oui, de l'herbe séchée, c'est-à-dire du foin. Le foin, vous savez, c'est de l'herbe séchée pour la conserver."

"Très bien", dit Marco; "continue."

« Un chargement d'herbe est donc si bon marché que le coût de son transport à cinquante milles serait plus élevé que ce qu'il vaut. Mais le coton vaut bien plus, proportionnellement à son volume. Il peut donc être transporté dans des pays lointains. Ainsi, l'énorme quantité de coton qui pousse chaque été dans les États du Sud est emballée dans des sacs très serrés et transportée jusqu'aux rivières et aux ruisseaux, puis mise sur des bateaux à vapeur et envoyée aux dans les grands ports maritimes, et dans les ports maritimes, il est mis sur des navires qui le transportent en Angleterre ou dans les États du nord, pour y être fabriqué ; et il est si précieux qu'il rapportera un prix suffisant pour payer toutes les personnes qui ont été employées. en le cultivant ou en le transportant. Mais l'herbe qui pousse dans les pays du nord ne peut pas être transportée. Les filatures pour fabriquer le coton peuvent être dans un pays et le coton être cultivé dans un autre, et puis, une fois le coton récolté , il peut être emballé et envoyé sur des milliers de kilomètres pour être fabriqué. Mais les moutons et les bœufs qui doivent manger le foin ne peuvent pas être gardés dans un pays, tandis que l'herbe dont ils se nourrissent pousse dans un autre. Les animaux doivent vivre, en général, dans la ferme même où pousse l'herbe. Ainsi, tandis que le cultivateur de coton n'a rien d'autre à faire que de cultiver son coton et de l'envoyer au marché, le cultivateur d'herbe doit non seulement cultiver son herbe, mais il doit subvenir aux besoins et prendre soin de tous les animaux qui doivent la manger. Cela rend l'agriculture des États du Nord une activité beaucoup plus compliquée, car le soin des animaux est très détaillé et nécessite une grande habileté, un bon jugement et l'exercice d'une discrétion constante.

« Vous remarquez, continua Forester, que c'est par l'intervention des animaux que le fermier donne au produit de sa terre une forme telle qu'il puisse supporter le transport. Par exemple, il donne son foin à ses moutons, les soignant. avec soin et habileté tout l'hiver. Au printemps, il tond leurs toisons, et maintenant il a quelque chose qu'il *peut* envoyer au marché. Il a transformé son herbe en laine, et a ainsi obtenu sa valeur sous une forme beaucoup plus compacte. La laine supportera le transport. Peut-être a-t-il donné toute une charge de foin à ses moutons, pour produire un seul sac de laine. Ainsi, le sac de laine vaut autant que la charge de foin et est beaucoup plus facilement transporté jusqu'au marché. ... Il peut le mettre sur sa caisse à bois et parcourir cinquante milles avec lui pour aller au marché, sans aucune difficulté.

« Sa caisse à bois ? » demanda Marco. "Qu'est-ce que c'est?"

"N'as-tu jamais vu de caisse à bois ?" » demanda Forestier. "C'est une caisse carrée, sur des patins, comme ceux d'un traîneau. Les agriculteurs les font transporter leurs produits au marché."

"Pourquoi appelle-t-on ça une caisse à bois ?" demanda Marco.

THE LUMBER-BOX.

La boîte à bois.

« Pourquoi, lorsque le pays a été colonisé pour la première fois, ils transportaient principalement du bois au marché, c'est-à-dire des paquets de bardeaux et de planches à clin, qu'ils fabriquaient à partir de bois coupé dans les bois. Il faut un certain temps pour une nouvelle ferme, construite dans le forêts, pour se mettre en état de produire beaucoup d'herbe pour le bétail. Je suppose que c'est de cette façon que ces véhicules ont reçu le nom de caisses à bois. Vous en verrez un grand nombre, dans la saison d'hiver, descendre de toutes les parties du pays, vers les grandes villes situées au bord des rivières, remplies de produits.

"En quoi d'autre les agriculteurs transforment-ils leur herbe, à part la laine ?" demanda Marco.

"Dans le bœuf", a déclaré Forester. "Ils élèvent des vaches et des bœufs. Ils les laissent manger l'herbe au fur et à mesure qu'elle pousse, tout l'été, et en hiver , ils les nourrissent avec ce qu'ils ont coupé et séché et stocké pour eux dans la grange. Les agriculteurs ont tous l'ambition de couper autant que possible. autant de foin qu'ils le peuvent, et de garder un grand cheptel de bétail. Ainsi, ils transforment l'herbe en bœuf, et le bœuf peut être facilement transporté. En fait, il se transporte presque tout seul.

"Comment veux-tu dire?" demanda Marco.

"Eh bien, les bœufs et les vaches, quand ils sont gras et prêts à être commercialisés, s'en vont en masse à Boston pour être tués. Ils ne les tuent pas là où ils sont élevés, car ils devraient alors emporter le bœuf dans des chariots ou des traîneaux, mais font marcher les animaux eux-mêmes jusqu'au marché et les tuent là-bas. Mais les fermiers n'emmènent généralement pas leur propre bétail au marché. Les hommes parcourent le pays, font appel aux fermiers et achètent leur bétail, et rassemblez ainsi de grands troupeaux. Ces hommes sont appelés bouviers. En voyageant dans cette partie du pays, à la fin de l'automne, vous verriez de grands troupeaux de bovins et de moutons passer le long de la route, tous se dirigeant vers Boston, ou plutôt Brighton.

« Où est Brighton ? demanda Marco.

"C'est une ville très proche de Boston, où se tient le grand marché aux bestiaux. Les marchands de Boston viennent à Brighton, achètent le bétail, le font abattre, et le bœuf est emballé et expédié dans le monde entier. Ainsi les fermiers transformez l'herbe en bœuf, et sous cette forme, elle pourra être transportée et vendue. »

"Et quoi d'autre?" demanda Marco.

"Eh bien, ils élèvent un grand nombre de chevaux dans le Vermont", répondit Forester. "Ces chevaux vivent d'herbe, la mangeant lorsqu'elle pousse dans les pâturages et sur les montagnes, en été, et étant nourris de foin dans la grange en hiver. Ces chevaux, lorsqu'ils ont quatre ou cinq ans, sont envoyés au marché pour être vendus. Ils peuvent être transportés très facilement. Un homme en montera un et en mènera quatre ou cinq à ses côtés. Ils vaudront peut-être soixante-quinze dollars chacun, de sorte qu'un homme pourra facilement l'emporter avec lui. , trois ou quatre cents dollars des produits de la ferme, sous forme de chevaux ; tandis que le foin qui avait été consommé sur la ferme pour fabriquer ces chevaux, il aurait fallu quarante paires de bœufs pour le déplacer.

"Quarante jougs !" répéta Marco.

"Je ne veux pas être exact", a déclaré Forester. "Je veux dire qu'il en faudrait beaucoup. De sorte qu'en donnant son foin aux chevaux, le fermier met ses produits dans un meilleur état pour les transporter au marché. Les chevaux du Vermont parcourent le pays. Ainsi vous voyez que le les agriculteurs des prairies doivent transformer les produits végétaux qu'ils cultivent en produits animaux avant de pouvoir les mettre sur le marché ; et comme l'élevage des animaux est un travail qui demande beaucoup d'attention, de soin, de patience et d'habileté. , les cultivateurs doivent être des hommes d'une classe plus élevée que ceux qui sont employés à la culture du coton, ou même que ceux qui cultivent les céréales. Les animaux doivent être surveillés et gardés pendant qu'ils sont jeunes. Il y a un grand nombre de maladies et d'accidents différents, et les blessures auxquelles ils sont exposés, et il faut une vigilance constante et une intelligence considérable pour s'en prémunir. Cela fait une grande différence dans le caractère requis chez les ouvriers, dans les différents cas. Une plantation de coton dans le sud peut être cultivé par des esclaves. Une ferme céréalière dans les États du Centre peut être exploitée par des ouvriers salariés ; mais une ferme d'herbe du Nord, avec tous ses bœufs, vaches, moutons, volailles et chevaux, ne peut être gérée avec succès que par le travail du propriétaire.

"Est-ce la raison pour laquelle ils ont des esclaves dans le sud ?" demanda Marco.

"C'est une raison pour laquelle les esclaves peuvent être rentables dans le sud. Dans la culture du coton ou du sucre, une grande partie de tout le travail effectué dans l'année est la même. Presque tout consiste en quelques opérations simples, telles que la plantation, le binage. , la cueillette du coton, etc., et cela doit être effectué sur un terrain lisse et uniforme, où des tâches définies peuvent être facilement assignées. Mais le travail dans une ferme d'herbe est infiniment varié. Il ne serait pas possible de le diviser en tâches définies. Et puis, il est d'une telle nature qu'il ne pourrait pas être accompli avec succès par le simple travail des mains. L' *esprit* doit y être employé. Par exemple, même pour récolter le foin, pendant la saison d'été, le fermier a d'exercer tout son jugement et toute sa discrétion pour éviter de le mouiller par les averses d'été, et pourtant de le sécuriser à temps et avec la diligence requise. Un planteur de coton peut engager un surveillant pour veiller à l'entrée de son coton, et il Le résultat peut facilement dire s'il a été fidèle ou non, mais le foin ne peut pas être bien récolté sans l'activité, l'énergie et le bon jugement qui ne peuvent provenir que de la présence et de la surveillance immédiate d'un propriétaire. Cela produit de grandes différences dans la nature de l'entreprise et dans l'état général de la société dans les deux régions. »

"Quelles sont les différences?" demanda Marco.

"Pourquoi, en premier lieu", dit Forester, "le fait que le coton et le sucre puissent être cultivés par des surveillants salariés, avec des esclaves pour faire le travail, permet aux hommes riches d'exploiter de grandes plantations sans travailler eux-mêmes. Mais une grande ferme d'herbe ne pourrait pas être géré ainsi. Un homme peut avoir mille acres pour sa plantation au sud, et avec un bon surveillant et de bonnes mains, tout se passera très bien, en ce qui concerne son profit. Ils produiront un grand quantité de coton qui peut être envoyée au marché et vendue, et le planteur réalise l'argent de manière à réaliser un grand profit après avoir payé toutes ses dépenses. Mais si un homme devait acheter mille acres de prairie et employer un le surveillant et les esclaves pour le cultiver, tout tomberait en ruine, le foin serait mouillé et gâté, les charrettes, les chariots et les outils compliqués nécessaires seraient brisés en morceaux, les agneaux seraient négligés et mourraient. et la propriété serait bientôt détruite. Même lorsqu'un homme riche tente d'exploiter une ferme modérée en employant des ouvriers salariés, en prenant le meilleur qu'il peut trouver, il réussit rarement.

"Est-ce qu'il réussit *un jour*?" dit Marco.

"Oui", répondit Forester, "parfois. Il y a M. Warner, qui habite près de chez mon père; il a été élevé dans une ferme et connaît pratiquement tous les travaux. Il a eu beaucoup de succès et possède un très grand Il travaille maintenant très peu lui-même, mais il surveille tout avec le plus grand soin, et il réussit très bien. Il a un grand stock. Il coupe cinquante tonnes de foin.

"J'aimerais voir sa ferme", dit Marco.

"Nous y irons un jour", répondit Forester.

« Ainsi vous voyez, » continua Forester, « que le travail d'une plantation de coton ou de canne à sucre est relativement simple et clair, exigeant peu de jugement ou d'effort mental, et beaucoup de travail corporel direct ; tandis que dans une ferme d'élevage du Nord, le Les travaux sont infiniment variés. Chaque mois, chaque semaine et presque chaque jour apporte un changement. De nouvelles urgences surgissent constamment, qui appellent délibération et jugement. Il est nécessaire d'avoir une grande variété d'animaux, afin de consommer tous les différents productions de la ferme. Je pourrai tout vous expliquer mieux lorsque vous viendrez voir la ferme de M. Warner.

Comme Néron voyageait très vite, ils commencèrent alors à se rapprocher de l'endroit où ils avaient laissé le marin. Lorsqu'ils arrivèrent à la maison, ils attachèrent le cheval à un poteau et entrèrent. L'homme qui habitait là était parti, mais la femme dit que le marin était un peu blessé et elle leur demanda d'entrer et de le voir. Ils l'ont trouvé dans la cuisine, le pied posé sur une chaise. Il semblait souffrir. Il avait une grande contusion à la cheville, causée par le liège d'un fer à cheval. Ces *bouchons* , comme on les appelle, sont des saillies en acier placées au talon d'un fer à cheval, pour donner au cheval une assise ferme. Ils sont assez pointus en hiver, quand il y a de la glace et de la neige sur le sol, mais ils sont généralement plus émoussés en été. Cela a évité que la cheville ne soit coupée aussi gravement qu'elle l'aurait été si les bouchons avaient été plus tranchants. Forester a examiné la cheville et a constaté que rien n'avait été fait pour cela. C'était enflammé et douloureux. Il a demandé à la femme de lui donner une bassine d'eau tiède, puis il l'a lavée très soigneusement, ce qui a soulagé la sensation de tension et de douleur. Puis il prépara un onguent à parts égales de suif et d'huile, qu'il mit au bout d'un pansement et le lia ainsi. Ce traitement soulagea beaucoup le pauvre marin. Alors Forester proposa au marin de monter dans le chariot et de l'accompagner jusqu'à la maison voisine, et le marin consentit. Forester allait alors payer à la femme son logement pour la nuit, mais le marin dit aussitôt : « Non, écuyer, pas du tout. Je vous suis très reconnaissant d'avoir soigné mon pied, mais vous n'avez pas besoin de payer quoi que ce soit. chose pour moi. J'ai beaucoup de tirs dans le casier.

cela , il mit la main dans sa poche et en sortit une poignée de pièces d'or et d'argent. Mais la femme, qui commençait maintenant à avoir un peu honte de n'avoir rien fait pour le pied blessé, lui dit qu'il était le bienvenu dans son logement ; Ils montèrent donc tous dans le chariot, et Néron les ramena rapidement chez son maître.

CHAPITRE IV.

LE VILLAGE.

En temps voulu, et sans autre aventure, Forester et Marco arrivèrent au terme de leur voyage. Le village où vivait le père de Forester était situé dans une gorge de montagne, ou plutôt à l'entrée d'une vallée qui se terminait enfin par une gorge. Il y avait une rivière qui coulait dans cette vallée et le village était sur ses rives. À l'extrémité supérieure du village, un ruisseau arrivait du nord, sur lequel se trouvait un barrage et quelques moulins. La rivière elle-même était un ruisseau rapide, coulant sur un fond sablonneux et graveleux, et il y avait de larges intervalles de chaque côté, s'étendant sur une certaine distance vers les terres plus élevées. Au-delà de ces intervalles, le terrain s'élevait graduellement et de manière ondulée jusqu'au pied des montagnes qui s'étendaient le long des flancs de la vallée et du sommet desquelles on pouvait contempler tout le paysage, avec le village. au centre comme sur une carte.

Marco était très satisfait de la situation et de l'apparence du village. La rue était large et ombragée de chaque côté de rangées de grands érables et d'ormes. Les maisons étaient généralement blanches, avec des stores verts. La plupart d'entre eux avaient devant eux et à leurs côtés d'agréables cours ; ces cours étaient plantées d'arbres et d'arbustes. Il y avait aussi des jardins derrière. Les montagnes qui entouraient la scène donnaient à la vallée un aspect très isolé et abrité.

La maison dans laquelle vivait Forester était la plus grande du village. C'était une maison carrée à deux étages. Elle se dressait un peu en retrait de la route, au milieu d'une grande cour, ornée de rangées d'arbres sur les côtés et de groupes d'arbustes dans les angles et près de la maison. Il y avait des allées de gravier menant dans différentes directions à travers cette cour, et d'un côté de la maison se trouvait un chemin carrossable qui menait d'une grande porte en face, à une porte à une extrémité de la maison, et de là à l'écurie au fond. il y a. De l'autre côté de la maison, près de la rue, se trouvait le bureau, car le père de Forester était avocat. Le bureau était un petit bâtiment carré, avec le nom de l'avocat au-dessus de la porte. Il y avait une porte arrière menant au bureau et un sentier serpentant parmi les arbres et les arbustes qui menait du bureau à la maison.

Le lendemain de leur arrivée, Forester a emmené Marco visiter le village. Il avait l'intention non seulement de lui montrer les différents objets d'intérêt qu'il y avait à voir, mais aussi de lui expliquer pourquoi de tels villages surgissaient dans un pays agricole et quelles étaient les occupations des habitants.

"La première chose qui provoque la création d'un village en Nouvelle-Angleterre", a déclaré Forester, "est une chute d'eau."

"Pourquoi donc?" demanda Marco.

"Il y a certaines choses", répondit Forester, "que les agriculteurs ne peuvent pas très bien faire eux-mêmes, par leurs propres forces, notamment moudre leur maïs et scier des rondins pour en faire des planches pour leurs maisons. Lorsqu'ils commencent à s'installer dans un nouveau Dans la campagne, ils construisent leurs maisons en rondins et ils doivent transporter le blé et les céréales sur de nombreux kilomètres à cheval, à travers des sentiers dans les bois, ou, en hiver, sur des traîneaux à main, pour les faire moudre. Comme chacun d'entre eux est capable de le faire, ils construisent un barrage sur quelque ruisseau du voisinage, là où il y a une chute d'eau, et obtiennent ainsi une force hydraulique. Cette force hydraulique, ils l'emploient pour faire tourner une scierie et un moulin à farine. Ensuite, tous les agriculteurs, lorsqu'ils veulent construire des maisons ou des granges, transportent des grumes au moulin pour les scier en planches, et ils transportent leur grain au moulin à farine et le font moudre. Ils paient le propriétaire des moulins pour faire ce travail pour eux. Et ainsi, s'il y a un grand nombre de fermes dans le pays alentour, et aucun autre moulin très proche, de sorte que les moulins soient tenus tout le temps en travail, le propriétaire obtient beaucoup de salaire et acquiert progressivement des biens.

"Maintenant, dès que les moulins sont construits, peut-être qu'un forgeron installe une boutique à proximité. Si un forgeron veut ouvrir une boutique n'importe où dans cette ville, il vaudra mieux qu'il l'ait à proximité des moulins, car, comme les agriculteurs doivent tous venir aux moulins de toute façon, ils peuvent profiter de l'occasion pour faire ferrer leurs chevaux ou pour mettre de nouveaux pneus sur leurs roues, lorsqu'ils sont cassés.

"Des pneus ?" répéta Marco. "Que sont les pneus ?"

"Ce sont les jantes de fer autour des roues. Chaque roue doit être entourée d'une bande de fer très serrée, pour la renforcer et la maintenir fermement ensemble. Sans pneu, une roue se briserait très vite en claquant sur un sol pierreux. route.

"En outre," continua Forester, "il y a beaucoup d'autres travaux de ferronnerie que les fermiers doivent avoir faits. Les fermiers peuvent, en général, faire eux-mêmes la plupart des travaux de menuiserie qu'ils veulent. Ils peuvent fabriquer leurs râteaux et leurs traîneaux. et des charrettes, des traîneaux et des manches d'outils ; mais quand ils veulent du travail du fer, ils doivent aller chez le forgeron. Ils peuvent faire un châssis de herse, mais le forgeron doit faire les dents.

"Maintenant, je devrais penser", a déclaré Marco, "qu'il serait plus facile de fabriquer les dents que le cadre."

"C'est peut-être aussi simple, si l'on a la forge et les outils", répondit Forester ; "Mais les outils et accessoires nécessaires au travail du forgeron sont beaucoup plus chers que ceux requis pour le travail ordinaire du bois. Il doit y avoir une forge construite exprès, et une enclume, soutenue sur une fondation solide, et divers outils. Tout cela est nécessaire pour ferrer un seul cheval, et quand ils seront tous achetés, ils répondront de tous les chevaux du voisinage. Il arrive ainsi que, bien que les agriculteurs fassent eux-mêmes une grande partie de leur travail du bois, dans leurs propres fermes, par temps froid et Par temps orageux, ils font généralement travailler le fer chez un forgeron situé dans un endroit central, où il est facile et pratique pour eux tous de se rendre.

La conversation ci-dessus a eu lieu entre Marco et Forester, alors qu'ils marchaient ensemble à travers le village, vers la partie de la ville où se trouvaient les moulins. Juste à ce moment, Marco jeta par hasard ses yeux de l'autre côté de la rue, à une courte distance devant eux, et il aperçut un feu au sol dans une petite cour. Il a demandé à Forester ce que pouvait être cet incendie. Dès que Forester a vu le feu, il s'est exclamé :

" Ah ! ils mettent un pneu sur une roue ; c'est bien heureux ; nous allons traverser et les voir. "

donc le chemin sous les arbres où ils marchaient et traversèrent la rue en oblique vers le feu. Marco vit qu'il y avait là une grande forge. C'était un bâtiment très soigné, peint en rouge. Il y avait une grande porte sur le devant, et une fenêtre très basse, surmontée d'un volet, à côté de la porte. Dans une cour ouverte, à côté du magasin, se trouvait le feu. Le feu avait la forme d'un anneau. Il y avait plusieurs hommes autour ; l'un d'eux, que Marco supposait être le forgeron, à en juger par son tablier de cuir, mettait des petits bâtons de bois et des copeaux, ici et là, autour de l'anneau. Marco vit qu'il y avait un grand cerceau de fer, comme il l'appelait, sur le feu. Ce n'était pas vraiment un cerceau, c'était un *pneu* . Il était fait d'une barre de fer beaucoup plus grande et plus épaisse que celles utilisées pour les cerceaux. C'était un pneu appartenant à une roue. La roue gisait à proximité du sol, prête à recevoir le pneu. C'était la roue arrière d'un chariot. Le chariot lui-même se trouvait devant le magasin, avec une extrémité de l'essieu arrière soutenue par un bloc.

"Pourquoi chauffent-ils le pneu ?" demanda Marco.

"Pour le gonfler", répondit Forester. "Il faut que le pneu soit très serré, de manière à maintenir la roue ensemble avec toute la force du fer. Or, quand le fer est chauffé, il gonfle, puis rétrécit de nouveau en refroidissant. Alors ils chauffent le pneu à chaud. , et placez-le sur la roue dans cet état. Puis, quand il refroidit, il rétrécit et lie toute la roue avec une très forte adhérence.

"Mais s'ils le mettent à chaud, cela brûlera le bois", a expliqué Marco.

"Oui," répondit Forester, "cela brûlera un peu le bois. Ils n'y peuvent rien du tout; mais ils se tiennent prêts à verser de l'eau, dès que le pneu est en place, et ainsi le refroidissent immédiatement. afin qu'il ne brûle pas assez les hommes pour les blesser.

"Quels sont les gars ?" demanda Marco.

"Ce sont les parties de la jante en bois de la roue. La jante est composée de plusieurs morceaux de bois, appelés fellies."

Alors Forester emmena Marco au volant et lui montra les pièces qui composaient la jante. Pendant que Marco regardait la roue, le forgeron commença à repousser un peu les tisons enflammés du pneu, car celui-ci commençait à être assez chaud. Bientôt, il entra dans sa boutique et en sortit plusieurs paires de pinces. Avec cela, les hommes retirèrent le pneu du feu, mais le forgeron dit qu'il était un peu trop chaud et qu'il devait le laisser refroidir une minute ou deux.

"Eh bien, s'il fait très chaud", dit Marco, "ça serrera d'autant plus le volant."

"Il va le serrer *trop* fort", a déclaré Forester. "Parfois, un pneu rétrécit au point de déformer les rayons. N'avez-vous jamais vu une roue avec des rayons déformés ?"

"Je ne sais pas", a déclaré Marco. "Je n'ai jamais beaucoup remarqué les roues."

"Ils se plient parfois", a déclaré Forester. "Il faut beaucoup de soin pour monter un pneu de manière à lui donner juste le bon degré de force pour lier fortement la roue, sans la forcer."

Le pneu.

Dès que le pneu était à la bonne température, les hommes le reprenaient avec les paires de pinces, en le saisissant avec elles sur différents côtés, puis ils le posaient soigneusement sur la roue. La roue se mit aussitôt à fumer de tous côtés. À un ou deux endroits, il a pris feu. Le forgeron n'y prêta aucune attention, mais avec un marteau qu'il tenait à la main, il le renversa à sa place, tout autour du bord ; puis il prit une cruche brune pleine d'eau, qui se trouvait à proximité, et commença à verser de l'eau dessus, en faisant le tour de la roue, de manière à éteindre les flammes de toutes parts et à refroidir le fer. Une fois ce processus terminé, Forester et Marco repartirent.

"Voyons," dit Forester, "où ai-je fini, Marco, dans mon récit de la croissance d'un village ? Je te parlais de la forge, je crois."

"Oui," dit Marco.

« Dans l'histoire d'un village de la Nouvelle-Angleterre, après la forge, dit Forester, c'est généralement un magasin. Vous voyez, les fermiers ne peuvent pas produire tout ce qu'ils veulent. Il y a beaucoup de choses qui viennent de l'étranger. pays, qu'ils doivent acheter.

"Comme du sucre et du thé", a déclaré Marco.

"Oui," répondit Forester, "seulement on fait beaucoup de sucre au Vermont avec la sève de l'érable. Nous irons voir l'érablière de M. Warner au printemps prochain. Mais il y a beaucoup de choses que le les agriculteurs doivent acheter. L'un des articles les plus importants est le fer. Maintenant, lorsqu'un homme décide d'ouvrir un magasin, le meilleur endroit qu'il puisse avoir pour son entreprise est près des moulins et de la forge; parce que les gens doivent y venir et c'est donc pour eux l'endroit le plus commode pour visiter son magasin. Et ainsi, peu à peu, quand un charpentier et un maçon viennent dans le pays, le petit village qui a ainsi commencé à se former, est le meilleur " C'est un endroit où ils peuvent s'installer, car c'est l'endroit où les gens peuvent le plus facilement les appeler et les voir. Au bout d'un moment, un médecin vient s'y installer pour les guérir lorsqu'ils sont malades, et un avocat pour prévenir les différends. "

"Pour *éviter* les litiges !" dit Marco. Marco n'avait pas une grande idée de la nature du métier d'avocat, mais il avait une sorte d'idée indéfinie et vague, que les avocats *provoquaient* des conflits entre hommes et en vivaient. "Eh bien, je sais", dit Forester en riant, "que les avocats n'ont généralement pas le mérite de prévenir de nombreux différends, mais je crois qu'ils le font. Peut-être est-ce parce que je vais devenir avocat moi-même. Mais je crois vraiment que les avocats préviennent dix litiges, là où ils en occasionnent un.

"Comment font-ils?" demanda Marco.

"Eh bien, ils concluent des contrats, rédigent des écrits et enseignent aux hommes à être clairs et distincts dans leurs engagements et leurs marchés. De plus, lorsque les hommes ne veulent pas payer leurs dettes, ils les y obligent par une procédure légale. Et là Il y a une infinité de dettes qui se payent, par crainte de ce procès, qui n'aurait pas été payé sans lui. Ainsi, sachant que les avocats sont toujours prêts à appliquer les lois, les hommes sont bien plus attentifs à ne pas les enfreindre, qu'à ils le seraient autrement. De sorte qu'il est sans aucun doute dans l'intérêt d'une communauté d'avoir non seulement des lois efficaces, mais aussi des avocats efficaces pour aider à leur exécution.

À ce moment-là, Forester et Marco avaient atteint la partie du village où se trouvaient les moulins. Forester a montré le barrage à Marco. Il était soutenu par des rebords de rochers sur chaque rive, et il y avait un canal qui conduisait l'eau aux roues des moulins. Il y avait deux moulins et un atelier d'usinage. Ils entrèrent dans l'atelier d'usinage. Il y avait ici un tour transporté par l'eau. Un homme y travaillait, tournant les manches d'une houe. Forester lui demanda quels autres articles y étaient transformés ; et il parla de poteaux pour les châlits, et de ronds pour les chaises, et de toutes autres choses qui étaient utilisées en quantité dans cette partie du pays. Forester lui a demandé si le tour tournerait le laiton et le fer aussi bien que le bois ; mais il a dit que non. Il n'était pas adapté à ce travail.

"Je suppose que vous pourriez avoir un tour ici pour travailler les métaux", a déclaré Forester.

"Oui", répondit l'homme, "mais cela n'en vaudrait pas la peine . Il y a très peu de travaux de ce genre qui manquent dans cette partie du pays."

Après avoir visité les moulins, Forester et Marco remontèrent un peu le ruisseau pour voir l'étang du moulin. Chaque fois qu'un barrage est réalisé, il provoque la formation au-dessus d'un étang, plus ou moins étendu, selon la nature du terrain. Dans ce cas, il y avait un étang assez grand, formé par l'accumulation de l'eau au-dessus du barrage. L'étang n'était pas très large, mais il s'étendait sur plus d'un mile en amont du ruisseau. Les berges étaient pittoresques et belles, surplombées d'arbres en certains endroits, et en d'autres présentant des pentes verdoyantes jusqu'au bord de l'eau.

"C'est un bon étang pour pêcher", a déclaré Marco.

"Oui", a déclaré Forester, "et c'est un excellent terrain de patinage en hiver."

Marco et Forester suivirent les rives de l'étang du moulin jusqu'à ce qu'ils arrivèrent au bout de l'eau calme ; au-delà, ils aperçurent un ruisseau rapide qui descendait des montagnes. Marco voulut suivre ce ruisseau plus loin, pour voir où ils arriveraient, et Forester y consentit. Le terrain montait de plus en plus à mesure qu'ils avançaient, et la vue commençait à être fermée par des forêts, des précipices et des montagnes. Marco aimait grimper sur les rochers et il trouvait à chaque étape de nombreuses choses qui l'intéressaient. Il a vu plusieurs écureuils et un lapin. Il voulait que Forester lui procure une arme et le laisse sortir dans ces bois en tirant.

"Non", a déclaré Forester.

"Pourquoi pas?" demanda Marco.

"C'est un amusement dangereux."

"Pourquoi ? Tu penses que je devrais me faire tuer avec mon soleil ?" demanda Marco.

"Non", répondit Forester, "je ne pense pas que vous le feriez, mais vous *pourriez* être tué. Le risque serait trop grand pour le bénéfice."

"Eh bien, tu m'as dit l'autre jour que c'était une bonne chose d'apprendre à prendre des risques avec sang-froid. Si j'avais une arme, je pourrais m'entraîner et apprendre."

"Oui", dit Forester, "il est bon de prendre des risques avec sang-froid, lorsque l'avantage est suffisant pour le justifier. Par exemple, lorsque vous vous êtes glissé sur le poteau l'autre jour pour prendre les rênes, vous avez pris un grand risque. mais peut-être avez-vous ainsi sauvé la vie des passagers. C'était juste, mais risquer votre vie pour le plaisir de tirer sur un écureuil n'est pas sage. Marco lui avait déjà parlé de la prise des rênes.

"Je ne devrais pas y penser, il y avait beaucoup de danger", a déclaré Marco.

"Non", dit Forester, "il y a très peu de danger. En utilisant une arme à feu, vous vous exposez à très peu de danger d'une très grande calamité. Il y a très peu de probabilité que votre arme éclate, ou que vous tiriez accidentellement. une autre personne ; très peu en effet. Mais si le fusil éclatait et vous arrachait un bras, ou vous crevait les yeux, ou si vous deviez tirer sur un autre garçon, la calamité serait très terrible. Ainsi nous appelons cela un grand risque.

"Il semble que ce soit un petit risque de grande calamité", a déclaré Marco.

"Oui", répondit Forester, "mais nous appelons cela un grand risque. Nous appelons le risque grand, lorsque soit le mal dont nous sommes en danger est grand, soit lorsque la chance qu'il nous arrive est grande. Par exemple, si si vous et moi marchions sur cette bûche qui se trouve de l'autre côté du ruisseau, nous courrions un grand risque, mais ce ne serait pas une petite chance d'un grand mal, mais une grande chance d'un petit mal. Il y aurait une chance que nous tombions dans le ruisseau ; mais ce ne serait pas un grand mal puisque nous serions seulement mouillés. »

Le risque

"Allons essayer", dit Marco. "Pas moi", a déclaré Forester. "Vous pouvez cependant le faire, s'il vous plaît. Je suis prêt à vous faire prendre un tel risque , pour votre amusement."

Marco s'approcha du rondin et le parcourut d'avant en arrière, aussi calmement que s'il s'agissait d'une large planche posée sur le sol. Finalement, il sauta dessus sur un pied, pour montrer à Forester sa dextérité. Forester fut surpris. Il ne savait pas à quel point Marco avait acquis de l'habileté dans de tels exploits grâce à sa gymnastique à New York.

Après cela, Forester et Marco escaladèrent quelques rochers sur un sommet élevé, d'où ils avaient une belle vue sur le village en contrebas. Ils pouvaient suivre la rivière qui serpentait à travers la vallée, avec des intervalles verts des deux côtés. Ils pouvaient voir le village et les rues, avec la flèche de l'église au centre. L'étang du moulin était également bien en vue ; et l'attention de Marco fut attirée par un bateau qu'il vit glisser sur la surface de l'eau.

"O! il y a un bateau", dit Marco.

"Oui", a déclaré Forester. "J'ai souvent pagayé sur l'eau avec elle."

"Combien de rames tire-t-elle ?" demanda Marco.

« Des rames ? dit Forester, "pas de rames; ils utilisent des pagaies."

"J'aurais aimé qu'ils aient des rames", a déclaré Marco, "et ensuite je rassemblerais un équipage de garçons et je leur apprendrais à gérer un bateau à la manière d'un homme de guerre."

"Comment en sais-tu quelque chose ?" » demanda Forestier.

" Oh ! j'ai appris à New York, dans les bateaux de la Batterie. "

"Eh bien," dit Forester, "nous allons faire fabriquer des rames et former un équipage. J'aimerais apprendre moi-même."

" Descendons voir le bateau, " dit Marco, " maintenant. "

"Non," répondit Forester, "il est temps d'aller dîner maintenant; mais nous viendrons voir le bateau la prochaine fois que nous irons nous promener."

Alors Marco et Forester descendirent la colline et de là traversèrent les champs pour rentrer chez eux pour dîner. Ils dînèrent à midi et demi, ce qui parut à Marco une heure très étrange.

CHAPITRE V.

ÉTUDIER.

Le petit bâtiment où le père de Forester avait son bureau comportait une petite pièce à l'arrière, qui s'ouvrait sur le bureau proprement dit, et qui servait de bibliothèque et de bureau privé. Il y avait une petite cheminée à l'intérieur, et il y avait une table au milieu de la pièce, avec un grand bureau portatif dessus. Ce bureau était en palissandre. Les côtés de la pièce étaient bordés d'étagères. Il y avait une grande fenêtre qui donnait sur la cour et le jardin derrière. Les livres dans cette salle étaient principalement des livres de droit, bien qu'il y ait quelques livres d'histoire et de voyages, et de grands dictionnaires de toutes sortes. Forester a conduit Marco dans cette pièce, un jour ou deux après leur arrivée au village, en disant :

"Tiens, Marco, ce sera notre bureau. Comment trouves-tu ça ?"

"Très bien", dit Marco. "C'est une pièce très agréable. Dois-je étudier tous ces livres ?"

"En tout cas, pas plus d'un à la fois", a déclaré Forester.

« *C'est* ma place, je suppose, » dit Marco ; » Et en disant cela, il s'assit dans un grand fauteuil, devant le secrétaire portatif qui était ouvert sur la table.

L'étude.

"Non," dit Forester, "c'est *ma* place. Je vais arranger votre établissement près de la fenêtre. James est allé apporter votre bureau maintenant."

Pendant qu'il parlait, la porte s'ouvrit et James, le jeune homme qui vivait chez le père de Forester , entra, apportant un bureau. Il était peint en bleu et avait quatre pieds. Ces pieds étaient d'une longueur telle qu'ils rendaient le bureau juste assez haut pour Marco. James le posa, sous la direction de Forester, près de la fenêtre. Il a été placé avec le côté gauche vers la fenêtre, de sorte que la lumière de la fenêtre traverse le bureau de gauche à droite. C'est la direction la plus pratique pour recevoir de la lumière lorsqu'on écrit. Forester plaça alors une chaise devant le bureau, et Marco entra dans la maison et sortit tous les livres et papiers qu'il avait et les rangea soigneusement dans son bureau. Pendant son absence, Forester sortit d'un placard près du feu un encrier et un bac à sable, les remplit tous les deux et les posa sur le bureau. Il plaça également dans le bureau une réserve de papier, en quarts de feuilles. Après que Marco soit revenu et ait rangé ses livres et ses papiers, Forester lui donna une règle et un crayon à mine ; aussi une ardoise et une demi-douzaine de crayons d'ardoise ; aussi un morceau d'éponge et un morceau de caoutchouc indien. Il lui donna en outre une petite fiole carrée et l'envoya la remplir d'eau, afin qu'il ait toujours de l'eau à portée de main pour mouiller son éponge.

"Maintenant, c'est tout ce que tu veux ?" » demanda Forestier.

"Eh bien, oui, je devrais le penser", a déclaré Marco. "Si je veux autre chose , je peux te le demander, tu sais. Tu vas rester ici et étudier aussi ?"

"Oui", a déclaré Forester; "mais c'est exactement ce que je souhaite éviter de me demander. Je souhaite faire en sorte que nous ayons tous les deux du temps pour nous, sans interruption."

"Mais je devrai vous poser des questions lorsque j'aurai des difficultés", dit Marco.

"Non," dit Forester, "j'espère que non. J'ai l'intention de faire en sorte que vous puissiez vous sortir des difficultés vous-même. Laissez-moi voir. Vous aurez besoin de stylos. Je vais prendre un tas de plumes et les transformer en stylos. pour toi."

"Quoi, tout un tas ?" dit Marco.

"Oui", répondit Forester. "Je ne souhaite pas que vous veniez me voir, alors que je suis au milieu d'une dispute juridique, pour me faire fabriquer un stylo."

Les stylos en acier étaient très peu utilisés à cette époque.

Pendant que Forester fabriquait les stylos, il a dit :

"Il y a vingt-cinq plumes par paquet. Je les attacherai, quand elles seront prêtes, en deux paquets d'environ une douzaine chacun. Vous les mettrez dans votre bureau. Quand vous aurez besoin d'un stylo, vous dessinerez. Vous ne devez pas vous arrêter pour les examiner, pour en choisir un bon, mais vous devez prendre celui qui vous tombe sous la main, car si quelqu'un n'est pas bon, plus vite vous l'aurez. essayez-le et vérifiez-le, et assurez-vous qu'il n'est pas bon, plus tôt vous l'éliminerez.

"Eh bien," dit Marco, "et que dois-je faire des mauvais ?"

"Essuyez-les , à propos, vous devez avoir un bon essuyeur , puis rassemblez-les à un endroit particulier de votre bureau. Lorsque vous en aurez ainsi utilisé un, attachez-les et posez-le sur mon bureau. bureau à réparer, puis vous pourrez continuer à utiliser l'autre paquet. Cela me donnera l'occasion de choisir un moment opportun pour réparer à nouveau le premier paquet. Lorsque je les aurai réparés, je les attacherai et les poserai sur votre bureau. Encore une fois. Ainsi vous aurez toujours une provision de plumes, et je ne serai jamais interrompu pour en raccommoder une. Ce sera bien plus commode, tant pour vous que pour moi.

"Seulement, cela utilisera beaucoup plus de stylos", répondit Marco.

"Non", a déclaré Forester; "pas du tout. Nous en aurons davantage à la fois, c'est vrai, mais le tout peut durer aussi longtemps que si nous n'avions qu'une seule coupe à la fois."

"Nous commencerons à étudier", continua Forester, "à neuf heures et nous terminerons à midi. Cela vous donnera une demi-heure pour courir et jouer avant le dîner."

"Et une récréation ?" dit Marco, "Je devrais avoir une pause."

"Eh bien, il y a une difficulté à propos d'une récréation", a déclaré Forester. "J'aurai à l'esprit chaque jour de vous dire quand il sera l'heure de la récréation et quand il sera l'heure d'entrer."

"Oh non," répondit Marco, "je peux savoir quand c'est l'heure de la récréation. Que ce soit toujours à dix heures, et je peux regarder la montre."

Marco fit référence à une montre appartenant au père de Forester, qui était accrochée au-dessus de la cheminée de leur petit bureau.

"Je pense qu'il est probable que vous sachiez quand il est temps de *commencer la récréation* ", a déclaré Forester, "mais vous ne feriez pas si attention à la fin. Vous vous consacreriez à un jeu et oublieriez comment le temps passe. était en train de passer, et je devrais sortir et vous appeler.

"Tu ne pourrais pas avoir une petite cloche ?" dit Marco.

"Mais je ne souhaite rien de ce genre à faire", dit Forester, "je vais vous instruire une demi-heure chaque matin, à partir de neuf heures, et je veux que tout soit ainsi arrangé. , qu'après cela, je serai entièrement livré à moi-même, afin que je puisse poursuivre mes études, ainsi que vous les vôtres. Si nous y parvenons, alors, quand midi viendra, je sentirai que j'ai fait ma matinée fonctionne bien, et toi et moi pouvons partir l'après-midi pour toutes sortes d'expéditions. Mais si je dois passer toute la matinée à m'occuper de vous, alors je dois rester à la maison et m'occuper de mes propres études l'après-midi. ".

"Eh bien," dit Marco, "je pense que je peux savoir quand entrer."

"Nous essaierons un ou deux matins, mais je n'ai aucune idée que vous réussirez. Cependant, nous pouvons abandonner le projet si nous constatons que vous restez dehors trop longtemps. Vous pouvez avoir cinq minutes de récréation chaque jour, à " Onze heures. Au total, ce sera *dix* minutes. Et tel sera le plan de vos études pour la matinée. A neuf heures, je vous donnerai un enseignement d'une demi-heure. Ensuite, vous pourrez étudier l'arithmétique pendant une heure ; puis écrivez une demi-heure ; puis faites une pause de dix minutes ; puis lisez pendant le reste de la dernière heure. Cela l'amènera à midi. "

"Mais je ne peux pas étudier l'arithmétique seul", a déclaré Marco.

"Oui," dit Forester, "je vais vous montrer comment, dans la première demi-heure où je vous donnerai mes instructions. Maintenant, êtes-vous vraiment prêt à essayer de mettre ce système en vigueur, agréablement et prospèrement ?"

"Oui," dit Marco, "je vais essayer."

"Nous trouverons quelques inconvénients et problèmes au début, je n'en doute pas", a déclaré Forester; "Mais si nous sommes patients et persévérants, nous parviendrons bientôt à faire en sorte que le système fonctionne sans problème."

Forester dit alors que, comme Marco pourrait oublier ce qu'il devait faire chaque heure, il ferait une sorte de carte des heures, avec le nom de l'étude qu'il devait poursuivre marqué dans chacune. C'est ce qu'il appelait un programme. Le planning, une fois réalisé, était le suivant :

IX. X. XI. XII. | Instruction. | Arithmétique. | En écrivant. | Récréation. | En lisant. |

Cet horaire était soigneusement dessiné sur un morceau de papier et fixé avec des plaquettes sous le couvercle du bureau de Marco, afin qu'il puisse le consulter à tout moment, en ouvrant son bureau.

C'est dans l'après-midi que cette conversation eut lieu et que ces préparatifs furent faits. Le lendemain matin, à neuf heures, Marco et Forester entrèrent dans le petit bureau et Forester lui donna ses instructions. Il a pris son arithmétique et lui a expliqué comment exécuter quelques exemples, selon l'une des règles. Forester en exécuta lui-même une ou deux, en expliquant très particulièrement toutes les étapes. Il effaça ensuite ses œuvres et ordonna à Marco de les exécuter lui-même de la même manière. " Si vous parvenez à les faire correctement , " dit-il, " vous pourrez vous en fixer d'autres du même genre, avec des numéros différents, et les exécuter aussi. Si vous rencontrez des difficultés, vous ne devez pas me le demander, mais vous pouvez fixez-vous des sommes en plus, et passez le reste de l'heure à les faire. Cela, vous pouvez certainement le faire sans aide.

"Oui", a déclaré Marco, "je peux le faire."

"La prochaine demi-heure est consacrée à l'écriture", a déclaré Forester. "Je vais vous en remettre quelques copies."

donc un livre d'écriture qu'il avait préparé et en rédigea quelques exemplaires à Marco, un en haut de chaque page. Marco le regardait pendant qu'il écrivait.

Il est très important qu'un enfant voie son professeur écrire ses copies, car il verra ainsi comment les lettres doivent être formées. Forester écrivit quatre ou cinq exemplaires pour Marco, et pendant qu'il les écrivait, il lui donna des instructions particulières sur la manière de tenir sa plume et de façonner les lettres.

"Maintenant," dit Forester, "vous ne pouvez pas avoir l'occasion de venir me voir au sujet de vos écrits ; car voici assez de pages pour que vous puissiez écrire pendant plusieurs jours, et vous avez suffisamment de plumes."

"Mais je pense que vous voudriez voir si je l'écris bien", a déclaré Marco.

"Je l'examinerai attentivement demain matin", a déclaré Forester.

"Très bien", dit Marco; "après l'écriture viendra la récréation."

"Oui", a déclaré Forester, "et puis la lecture."

"Que dois-je lire ?" demanda Marco.

Forester se leva alors et se dirigea vers l'une des étagères, où se trouvait une série de livres intitulés American Encyclopedia. Il y avait treize volumes in-octavo dans l'ensemble. Il était un peu trop haut pour que Marco puisse l'atteindre, alors Forester descendit tous les volumes et les plaça sur une étagère inférieure, non loin de la fenêtre, dans un endroit où Marco pouvait y accéder facilement.

« Là, » dit Forester ; " Voilà votre bibliothèque. L'Encyclopédie américaine est une sorte de dictionnaire. Lorsque votre heure de lecture arrive, vous pouvez prendre n'importe quel volume de cette Encyclopédie et vous tourner vers n'importe quel article de votre choix. Ou vous pouvez penser à n'importe quel sujet qui vous intéresserait. J'aime lire sur, par exemple, *le bateau, le canon, le chameau, l'aigle, la truite, le cheval* ou tout autre sujet, et je prends le volume approprié et je trouve l'article. Vous pouvez le trouver grâce aux lettres imprimées au dos. des volumes."

"Regardons maintenant", dit Marco, "et voyons ce que cela dit sur les truites ".

"Non, pas maintenant", répondit Forester; "Quand ton heure de lecture viendra, tu pourras lire ce que tu voudras. Seulement tu devras avoir un morceau de papier à portée de main, et y écrire le titre de chaque article que tu liras, et me le montrer le lendemain matin, car je le ferai." Je voudrais savoir ce que vous avez lu, et peut-être vous interroger à ce sujet. Maintenant vous comprenez votre travail, n'est-ce pas ?

"Oui", dit Marco; "et qu'est-ce que tu vas faire?"

" O ... je vais étudier mes livres de droit. "

"Veux-tu rester ici et étudier ?"

"Oui," répondit Forester, "je serai ici la plupart du temps. Parfois, je serai appelé dans l'autre pièce, peut-être, pour affaires avec mon mousseur; mais cela ne doit pas faire de différence avec vous."

"Seulement, alors il n'y aura personne pour me surveiller", a déclaré Marco.

" Oh ! je ne vous surveillerai pas, même quand je serai ici. Je ne ferai aucune attention à vous. Je pourrai juger demain matin, quand je viendrai voir votre travail et vous donner de nouvelles instructions, si vous ont été travailleurs ou non.

"Même si par hasard je vous vois faire quelque chose de mal, je n'en dirai probablement rien . Je m'en souviendrai et vous en parlerai demain matin, dans ma demi-heure. Je ferai tout dans mon demi-heure."

Marco se sentait quelque peu soulagé de penser qu'il n'allait pas être soumis à une observation très rigide dans ses études.

"Je ne m'attends pas", a déclaré Forester, "que vous vous en sortirez très bien pendant les premiers jours. Il faudra un certain temps pour que ce système soit pleinement opérationnel. Je présume que vous viendrez me voir jusqu'à dix fois plus tard. premier jour."

" Oh non, " dit Marco, " je n'ai pas l'intention de venir vers toi une seule fois. "

"Vous le ferez, je n'en doute pas. Que dois-je vous dire si vous le faites ? Est-ce que ce serait un bon plan pour moi de répondre à votre question ?"

"Eh bien, non," dit Marco, "je suppose que non."

"Et pourtant, si je refuse de répondre, cela ne vous sera pas très agréable. Cela vous mettra de mauvaise humeur."

"Non," dit Marco.

"J'aurai une réponse invariable à vous donner", a déclaré Forester. "Ce sera ceci : agissez selon votre propre jugement. Ce sera un peu plus courtois que de ne pas prêter attention du tout à votre question, et pourtant cela préservera notre principe, que je ne dois vous donner aucune attention. je ne vous assisterai que dans ma demi-heure. Ensuite, d'ailleurs, je tiendrai compte du nombre de questions que vous me poserez, et je verrai si elles ne s'élèvent pas à dix.

À ce moment-là, la demi-heure de Forester était écoulée et Marco se dirigea vers son bureau.

"Il y a une chose", dit Marco, "avant de commencer : puis-je ouvrir la fenêtre ?"

"Agissez selon votre propre jugement", a déclaré Forester, "et une question vous est posée." Alors Forester fit une marque sur un papier qu'il avait sur la table.

"Mais, cousin Forester, ce n'est pas juste de compter cela, car je n'avais pas commencé."

Forester ne répondit rien, mais commença à ranger ses cahiers, comme s'il s'apprêtait à commencer ses propres études. Marco le regarda un moment, puis il se leva, ouvrit doucement la fenêtre et commença son travail.

Le bureau de Marco.

Marco était peu habitué à étudier seul et, après avoir exécuté un des exemples que Forester lui avait donnés, il se sentit fatigué et commença à regarder par la fenêtre et à jouer avec son crayon. Il posait son crayon sur la face supérieure de son ardoise et la laissait rouler. Comme le crayon n'était pas rond, mais de forme polygonale, il faisait un curieux cliquetis en roulant, ce qui amusait Marco, tout en dérangeant et troublant Forester. Quelles qu'aient pu être les particularités intéressantes du mécanisme délicat de l'oreille de Forester et des nerfs qui y sont reliés, comparé à celui de Marco, par lequel le même son produisait une sensation de plaisir dans une oreille, alors qu'il ne produisait que de la douleur dans l'oreille. pour l'autre, il faudrait un philosophe très profond pour l'expliquer. Mais l'effet était certain. Forester, cependant, ne parla pas, mais laissa Marco rouler son crayon sur l'ardoise aussi longtemps qu'il le voulait.

Cela ne fut cependant pas long ; Marco s'en lasse vite et se met alors à regarder par la fenêtre. Il y avait une petite agrafe dans le rebord de la fenêtre, placée là pour fixer le store. Marco enfonça la pointe de son crayon dans cette agrafe, afin de voir si elle passerait. L'objet est passé en un instant et, glissant entre ses doigts, il est tombé par la fenêtre.

"Cher moi ! voilà mon crayon. Mon crayon est tombé par la fenêtre, cousin Forester ; dois-je sortir le chercher ?"

"Agissez selon votre propre jugement", a déclaré Forester. En même temps qu'il disait cela, il faisait une autre marque sur son papier.

"Eh bien, vous ne devriez pas compter cela, cousin Forester," dit Marco, "car je ne sais pas si vous souhaiteriez que j'aille chercher ce crayon, ou que j'en prenne un autre sur mon bureau."

"Agissez selon votre propre jugement", répondit Forester.

Marco avait l'air perplexe et troublé. En fait, il fut un peu mécontent de constater que Forester ne lui répondait pas. Il pensait qu'il s'agissait d'une urgence imprévue, que Forester aurait dû considérer comme une exception à sa règle. Mais il fut obligé de décider lui-même de la question, et il décida d'aller chercher son crayon. Il lui fallut un certain temps pour le trouver dans l'herbe, et après l'avoir trouvé, il s'arrêta encore quelque temps pour observer quelques fourmis qui entraient et sortaient, à l'entrée de leur nid, chacune apportant un grain. de sable dans ses pinces. Lorsque Marco entra, il trouva que son heure d'arithmétique était si près d'être écoulée, qu'il n'aurait pas le temps de terminer une autre somme, s'il la commençait ; il rangea donc son appareil de calcul et sortit son cahier d'écriture.

Marco a vécu toute la matinée à peu près de la même manière. Il passait une grande partie de son temps à regarder par la fenêtre et dans la pièce. Il est sorti à l'heure de la récréation, mais il est resté dehors vingt minutes au lieu de dix. Il fut étonné, en entrant, de voir avec quelle rapidité le temps avait passé. Il prit ensuite un volume de l'Encyclopédie et lut jusqu'à midi, puis, laissant le volume de l'Encyclopédie et son cahier sur son bureau, il dit à Forester que les heures d'étude étaient terminées et s'en alla.

Le lendemain matin, à neuf heures, Forester lui demanda comment il s'était passé la veille. Marco a eu la franchise d'admettre qu'il ne s'entendait pas très bien.

" Pourtant, " dit Forester, " je suis dans l'ensemble très satisfait. Vous avez très bien fait pour une première expérience. En premier lieu, vous avez vraiment fait quelques efforts pour réaliser mon plan. Vous avez tenu le compte des heures, et tu as changé d'études à l'heure fixée. Tu ne m'as parlé que trois ou quatre fois, et tu as alors acquiescé assez gentiment à mon refus de t'aider. Aujourd'hui tu feras mieux, j'en suis sûr, et demain mieux encore. Et ainsi, dans l'espace d'une semaine, j'ai une grande confiance que vous apprendrez à étudier seul pendant trois heures, avec profit.

"Cela fait deux heures et demie", dit Marco.

"Oui", a déclaré Forester.

Cela a abouti comme Forester l'avait prédit. Marco, trouvant que Forester était disposé à être satisfait et à féliciter ses efforts, fit de plus en plus d'efforts chaque jour et, au cours d'une semaine, il commença à être un étudiant très respectable. L'après-midi, il se promenait, parfois avec Forester, parfois seul. Il aimait beaucoup la pêche, et Forester lui permettait d'aller seul dans certaines parties de la rivière, où l'eau n'était pas profonde, confiant sur sa parole qu'il se limiterait strictement aux limites prescrites.

CHAPITRE VI.

LE CANOË EN RONDINS.

Tout se passa très prospèrement, pendant une semaine ou deux, dans le petit bureau. Marco est devenu de plus en plus attentif à ses études et de plus en plus intéressé par celles-ci. Il se retrouvait souvent dans de petites difficultés, il est vrai, et donnait du fil à retordre à son oncle et à sa tante ; mais ensuite il parut généralement regretter par la suite les ennuis qu'il avait ainsi causés, et il supporta les reproches et les châtiments que son cousin crut nécessaire de lui infliger, avec tant de bonne humeur, qu'ils lui pardonnèrent tous facilement ses fautes et délits.

Un jour cependant, environ quinze jours après avoir commencé ses études, il fut entraîné, sous l'influence d'une tentation particulière, à un acte de transgression assez grave, qui aurait pu être suivi de conséquences très graves. Les circonstances étaient les suivantes. Il avait commencé ses études comme d'habitude, après avoir reçu sa demi-heure d'instruction de Forester, et il était en train de réduire la fraction 504/756 à ses termes les plus bas, lorsqu'il regarda par la fenêtre et J'aperçois deux garçons escaladant une clôture de jardin appartenant à l'une des maisons du voisin, à une petite distance derrière la maison de son oncle. C'était une matinée très agréable et Marco avait la fenêtre ouverte ; pour qu'il puisse voir les garçons très clairement. Ils s'arrêtèrent de l'autre côté de la clôture qu'ils avaient franchi, et bien qu'ils fussent partiellement cachés par la clôture, Marco pouvait clairement percevoir qu'ils étaient occupés à faire quelque chose là, bien qu'il ne puisse imaginer quoi. Il désirait beaucoup aller voir ; mais il savait qu'il serait vain de demander la permission, et il se contenta donc de les surveiller.

Juste à ce moment, son oncle ouvrit la porte qui donnait sur le petit bureau et demanda à Forester s'il voulait bien entrer dans le bureau. Forester l'a fait ; puis, au bout de quelques minutes, il revint, rangea ses livres et dit qu'il devait partir, et que peut-être il ne rentrerait qu'à midi. Marco avait souvent été laissé seul à ses études pendant un certain temps, mais jamais auparavant pendant une matinée entière. Il savait qu'il devait continuer son travail comme si Forester était resté. Alors Forester lui dit bonjour, puis s'en alla.

Marco observait les garçons, se demandant de plus en plus ce qu'ils pouvaient bien faire. Ils se penchaient jusqu'à terre et bougeaient un peu, comme s'ils plantaient des graines. Mais comme ce n'était absolument pas la bonne saison pour de tels travaux, Marco en a conclu qu'ils devaient cacher quelque chose dans le sol. « Peut-être, se dit-il, ont-ils volé de l'argent et l'ont-ils enterré. J'aimerais pouvoir aller voir.

S'il y avait eu une porte menant directement du bureau à la cour, Marco aurait quitté son bureau et serait sorti immédiatement ; mais il ne pouvait sortir sans passer par le bureau où était assis son oncle. Finalement, l' idée lui vint qu'il pourrait sauter par la fenêtre. Il hésita quelque peu à franchir cette étape, mais il finit par conclure qu'il le ferait et qu'il s'approcherait juste assez pour voir ce que les garçons cachaient et exactement où ils le mettaient, afin de pouvoir ensuite le trouver sans problème. échouer. Il résolut alors de revenir immédiatement.

« Je ne serai pas absent plus de cinq minutes, se dit-il, et je le laisserai pour ma récréation.

donc sa casquette du clou où il avait l'habitude de la suspendre, pendant qu'il étudiait, puis, sortant par la fenêtre, les pieds en avant, il se laissa tomber doucement jusqu'à terre. Il se glissa ensuite sournoisement à travers les cours et les jardins, jusqu'à ce qu'il arrive assez près de l'endroit où les garçons travaillaient. Le mystère, cependant, était plutôt accru que diminué par la vue rapprochée. Il ne pouvait rien faire des opérations dans lesquelles ils étaient engagés ; et pendant qu'il hésitait à s'approcher, un des garçons leva les yeux et l'aperçut. Marco avait eu l'intention de se cacher derrière un arbre derrière lequel il s'était posté, mais le garçon ayant levé brusquement les yeux, à un moment où il n'était pas sur ses gardes, l'aperçut avant qu'il ait eu le temps de se retirer sous l'ombre. couverture qu'il avait choisie.

"Helloa, Marco," dit le garçon, "viens ici."

Marco fut étonné de cette invitation franche et ouverte. Il s'était attendu à ce que les garçons, lorsqu'ils l'auraient vu, se jetteraient immédiatement derrière la clôture pour se cacher, ou qu'ils rattraperaient ce qu'il croyait enterrer et s'enfuiraient. Leur approche intrépide dérangeait ses idées sur leur objectif probable et augmentait sa curiosité de savoir ce qu'ils faisaient. Il sortit donc de sa cachette et se dirigea vers eux. Lorsqu'il arriva sur place, le mystère fut soudainement dissipé lorsqu'il découvrit qu'ils creusaient des vers comme appâts pour aller à la pêche.

La curiosité de Marco s'était maintenant transformée en désir ardent. Les garçons lui ont dit qu'ils descendaient à la rivière pour pêcher des anguilles, et l'âme de Marco était en feu pour les accompagner. Il n'avait jamais pêché l'anguille. Il connaissait très bien les garçons et ils lui proposèrent de lui prêter un hameçon et une ligne. Mais Marco pensait que, dans l'ensemble, cela ne suffirait pas. Il essaya de les persuader d'attendre jusqu'à l'après-midi, mais ils ne consentirent pas à un tel ajournement de leur plaisir. Marco leur a donc souhaité bonne chance et a recommencé à monter sur la clôture, avec l'intention de retourner à ses études.

En regardant vers le bureau, il vit son oncle sortir par la porte au fond et se diriger vers la maison. Marco pensa immédiatement qu'il ne lui serait pas utile de rencontrer son oncle, et il redescendit de la clôture du même côté que les garçons, jusqu'à ce que son oncle revienne. Les garçons crurent qu'il revenait parce qu'il hésitait à les accompagner ou non, et ils renouvelèrent leurs invitations avec une urgence redoublée. Marco ne répondit pas, mais regarda fixement vers la maison. Il a vu un homme debout dans la cour avec une petite échelle à la main. Un instant après, l'oncle de Marco sortit de la maison et, à la grande consternation de Marco, il s'aperçut qu'il avait une scie et une hachette à la main, puis il se souvint que son oncle avait eu l'intention d'élaguer des arbres dans la matinée. Les arbres étaient situés à différents endroits dans la cour, de sorte que Marco ne pouvait ni entrer par la porte d'entrée du bureau, ni grimper par la fenêtre sans être découvert. Il ne savait pas quoi faire.

Pendant ce temps , les garçons le pressaient de les accompagner. Ils ne savaient rien de ses études et pensaient que son hésitation était uniquement due à son manque d'intérêt pour l'objet de l'expédition. Finalement, Marco a décidé de partir. Il supposait qu'il ne pourrait rentrer dans son cabinet qu'à midi, car il se rappelait que son oncle comptait être occupé toute la matinée à sa taille. Il pensa donc que ses chances d'être détecté n'augmenteraient pas s'il restait dehors une heure ou deux de plus, et il dit donc aux garçons qu'il partirait.

Lorsqu'ils eurent suffisamment d'appâts, ils se dirigèrent vers la rivière. Leur chemin ne les conduisait pas très loin de la maison, et ils se trouvaient à plusieurs reprises dans des situations où ils étaient exposés aux regards, au cas où l'oncle de Marco aurait regardé vers eux. Marco, cependant, s'arrangeait pour passer par ces endroits de manière à se cacher autant que possible de la vue des autres garçons ; et d'ailleurs, il espérait que son oncle était trop occupé de sa taille pour remarquer quels garçons rôdaient dans le village. Ils traversèrent ainsi la rue, puis descendirent par intervalles vers la rivière. Marco se sentit soulagé de voir que son oncle continuait son travail, tenant l'échelle pour que l'autre homme puisse monter, ou sciant lui-même les branches basses, sans avoir l'air de remarquer les garçons.

Le cours de la rivière était tortueux et ses rives étaient par endroits escarpées et par endroits basses et sablonneuses. L'eau était généralement peu profonde, mais par endroits elle était profonde, surtout sous les hautes berges. En de nombreux endroits, il y avait des saules et des ormes surplombant l'eau. C'était dans un de ces endroits que les garçons allaient pêcher l'anguille. C'était un endroit où la rivière prenait un virage brusque, formant une sorte d'angle dans le ruisseau, où l'eau était très sombre et profonde. La berge était haute à cet endroit et elle était couverte d'arbres et de buissons. Certains de ces arbres avaient été minés et leurs racines et branches flottaient dans l'eau. Les garçons se précipitèrent jusqu'au bord et se préparèrent à pêcher. Ils coupaient de fines perches dans les buissons pour faire des cannes à pêche. Il y avait un tronc d'arbre étendu le long du rivage, s'étendant obliquement un peu au-dessus de l'eau, ce qui leur fournissait un pied commode. Ils se tenaient debout ou s'asseyaient dessus, appâtaient leurs hameçons et les jetaient à l'eau. Ils suivirent l'appât des yeux tandis qu'il s'enfonçait lentement dans les profondeurs sombres, parmi les bûches, les racines et les troncs d'arbres qui gisaient immergés dans l'eau.

Les garçons restèrent ici une heure, mais ils ne prirent aucune anguille. Soit il n'y en avait pas, soit pour une raison ou une autre, ils ont choisi de ne pas mordre. Ils parlèrent d'aller ailleurs, mais avant qu'ils ne décident de ce plan, l'attention de Marco fut attirée par la vue de ce qui semblait être une grosse bûche flottant sur la rivière. Il le montra aux autres garçons et, en y regardant de plus près, ils virent que c'était un vieux canot, du genre de ceux que l'on forme en creusant une bûche. Il n'était pas de très grande taille et semblait plutôt vieux et délabré. Pourtant, les garçons voulaient vraiment l'obtenir. Ils se rassemblèrent en lignes et coururent le long de la berge, suivant le rythme du bateau qui descendait.

Bateau à la dérive.

Ils arrivèrent bientôt au bord de la rivière, c'est-à-dire sur une longueur comprise entre un coude et un autre, où l'eau était rapide et peu profonde. Alors les deux garçons qui pêchaient avec Marco ont jeté leurs chaussures, ont remonté leurs pantalons et ont couru le long de la berge et dans la rivière. Le bateau était loin dans le courant et ils durent parcourir une certaine distance avant d'y arriver. De plus, comme le bateau flottait tout le temps, pendant qu'ils traversaient à gué, il descendit un peu le courant avant qu'ils puissent l'atteindre. Mais ils réussirent finalement à l'attraper et, après beaucoup de pataugeoires dans l'eau et de nombreux éclats de rire, ils l'apportèrent à Marco.

Marco était très satisfait du prix. Il était en meilleur état que ce à quoi ils s'étaient attendus. Il y avait en effet une pièce cassée à une extrémité, près du bord supérieur, mais ils trouvèrent qu'elle supporterait les trois garçons, s'ils s'y asseyaient avec précaution, et avec leur poids principalement à l'autre extrémité. Faute de rames ou de pagaies, ils coupaient des perches sur les berges, croyant pouvoir pousser le bateau en plantant les perches contre le fond, l'eau n'étant pas profonde. Ils amenèrent le bateau jusqu'au rivage et versèrent un peu d'eau qui était entrée dans le bateau, puis ils s'embarquèrent tous avec précaution, avec l'intention de faire un petit voyage.

Il arriva que juste au-dessous de l'endroit où le bateau avait dérivé avant de le rattraper, l'eau devint un peu plus profonde et, bien sûr, plus douce et plus calme, de sorte qu'elle offrit un endroit favorable à la navigation d'un tel bateau. En fait, le caractère du ruisseau, tout au long de son cours sur plusieurs milles, devait présenter une succession constante de changements, depuis des eaux profondes et presque calmes jusqu'à des courants peu profonds et rapides, ondulant sur des lits de sable et de gravier. Les garçons venaient de passer l'un de ces rapides, ou déchirures, comme on les appelait ; c'est dans l'une d'elles, quoique plus large et moins rapide que beaucoup d'autres, qu'ils avaient poursuivi et rattrapé le bateau. Dans l'eau douce et calme du dessous, ils avaient donc une occasion très favorable d'essayer leur bateau, car l'eau, bien que moins peu profonde qu'au-dessus, n'était pas encore si profonde qu'elle les empêchait de propulser leur bateau, en poussant leur poteaux contre le fond. Il fallait prendre quelques précautions pour préserver leur équilibre, mais l'eau n'était pas profonde, et ils savaient donc qu'il n'y avait aucun danger de se noyer s'ils venaient à se renverser.

Les choses se passèrent très bien jusqu'à ce qu'au bout de quelques minutes, les garçons se retrouvent soudainement à la dérive dans des eaux plus profondes. Leurs perches toucheraient à peine le fond. Marco, qui n'était pas très habitué à ce genre de navigation, fut d'abord quelque peu alarmé, mais les autres garçons lui dirent de se taire et ils dériveraient bientôt vers des eaux peu profondes. Ils rentrèrent donc leurs perches et commencèrent à regarder par-dessus le bord du bateau dans l'eau, pour voir s'ils pouvaient voir des anguilles. Ils ne virent aucune anguille, mais l'eau commença bientôt à redevenir peu profonde, et ainsi les garçons, sentant qu'ils n'étaient pas en danger, restèrent tranquillement à leur place, regardant l'eau d'un air absent, parlant des divers objets qu'ils voyaient sur l'eau. bas.

Après quelques minutes passées de cette manière, l'un des garçons regarda vers le bas du ruisseau et vit que le bateau s'approchait progressivement d'un autre rapide.

« Venez, les garçons, dit-il, nous devons aller travailler, sinon nous serons déprimés.

Alors les garçons prirent tous leurs bâtons et commencèrent à pousser le bateau vers le courant ; mais ils ont trouvé cela plus difficile que prévu. En fait, le bateau avait dérivé plus près des rapides qu'ils n'auraient dû le laisser aller. L'eau coulait assez vite là où ils se trouvaient, et ils se rendirent vite compte que tous leurs efforts n'étaient pas suffisants pour endiguer le courant. Le bateau était transporté en rond dans toutes les directions, sauf en amont. En effet , le courant prenait rapidement toute la maîtrise sur eux et les entraînait jusqu'au point où l'eau se déversait en un torrent furieux à travers un long passage étroit entre des lits de pierre et de gravier.

"Tirez, les garçons, tirez !" dit Marco ; "nous passerons par les déchirures malgré tout ."

Les garçons ont tiré, mais ils n'ont rien pu faire . L'eau les entraînait avec une grande rapidité, malgré toutes leurs luttes. Finalement, lorsqu'ils constatèrent qu'ils ne pouvaient pas s'y opposer pour remonter le ruisseau, ils décidèrent de se diriger vers le rivage. Ils n'avaient pas grande peur, car la rivière était très étroite et ne dépassait pas les genoux dans les rapides, de sorte qu'il n'y avait pas de danger réel de calamité plus grande que d'être bien mouillé. Ils semblaient également être sur une bonne voie pour échapper à cela, car ils se rendirent compte qu'ils pouvaient faire quelques progrès en amenant leur bateau vers le rivage. Mais, au moment où ils commençaient à croire que leur objectif était sur le point d'être accompli, ils furent arrêtés par un accident soudain. Il se trouva qu'il y avait un petit accroc dans la rivière, à peu près dans la direction où ils allaient. C'était le bout d'un petit rondin qui remontait presque jusqu'à la surface de l'eau. La plus grande partie du rondin était fermement enfoncée dans le sable, mais il y en avait une petite partie qui dépassait au point d'être à peine submergée. Les garçons ne s'en aperçurent pas et, dans leur empressement à ramener le bateau à terre, il leur arriva de le faire traverser le courant, juste au-dessus de cet accroc. Mais comme le courant les entraînait vers le bas du courant en même temps qu'ils se poussaient au-dessus, il emportait le bateau avec une grande force contre cet accroc. Le fond du bateau en fut confiné, tandis que la force du courant,

toujours appuyé sur le côté, le renversa en un instant et jeta tous les garçons
à l'eau.

Les garçons sortirent sans grande difficulté et se retrouvèrent sur la plage de
gravier. Ils aperçurent au même moment un homme sur la rive de la rivière
en haut, qui semblait sur le point de courir à leur secours ; mais lorsqu'il vit
qu'ils étaient en sécurité, il se retourna immédiatement et disparut. Un instant
après, Marco, constatant que sa casquette n'était pas sur sa tête, la chercha du
regard et, à sa grande consternation, la vit flotter rapidement dans les rapides.
Il courut à l'eau et s'empara du bateau, qui commençait alors à s'éloigner aussi.
Il a demandé aux garçons de l'aider à le remonter et à vider l'eau. Il le lança
alors à toute vitesse, saisit une des perches, s'y engouffra, s'élança dans la
partie la plus rapide du courant, et s'en alla chercher sa casquette.

CAP GONE.

Casquette disparue.

Il recourut à cette mesure désespérée, parce qu'il était très alarmé à l'idée de
rentrer chez lui sans sa casquette. Cela lui aurait assurément été découvert et,

comme il le supposait, une double peine. Il était maintenant aussi impatient de descendre les rapides qu'avant d'y échapper. Son seul souci était de garder son bateau la tête baissée, afin que s'il rencontrait un accroc ou un rocher, il ne puisse pas être projeté de travers. Il a également gardé une bonne garde devant lui. Le bateau traversa l'eau comme une flèche et fut bientôt hors des rapides dans l'eau relativement calme en contrebas.

Marco a réussi à pagayer avec sa perche, de manière à dépasser la casquette et à la récupérer. Puis il se dirigea vers le rivage et atterrit. Il hissa le bateau le plus haut possible et retourna chercher les autres garçons. Il en conclut qu'il était temps de rentrer chez lui. Sa conscience commençait alors à lui reprocher le mal qu'il avait fait. Le plaisir promis avait échoué. Ses vêtements étaient mouillés et inconfortables. Son esprit était anxieux et malheureux. Le cœur lourd, il commença à revenir sur ses pas, sûr d'être repéré une fois rentré chez lui et d'être puni. Il ne redoutait cependant pas tant le châtiment que le juste mécontentement que son cousin manifesterait et l'évidence de la douleur qu'il savait que son cousin souffrirait, lorsqu'il apprendrait comment son élève avait trahi la confiance qui lui avait été accordée. reposait en lui. Cependant, avant de rentrer chez lui, il ôtait les vêtements les plus mouillés, essorait l'eau du mieux qu'il pouvait, puis les remettait.

Lorsqu'il approcha de la maison, il s'attendait à voir son oncle toujours au travail, mais il n'était pas là. Marco a soigneusement reconnu les lieux, puis est entré dans le bureau. Son oncle n'était pas au bureau. Il entra dans le bureau. Il avait peur que Forester soit là, mais, à sa grande surprise et à sa grande joie, il n'y était pas, et rien n'indiquait qu'il était là depuis le matin. Marco regarda la montre et constata qu'il n'était que onze heures et demie environ. Il prit donc un volume de l'Encyclopédie et commença à le lire. Il a lu l'article *Canoe* et il a trouvé quelques informations sur les canots d'écorce fabriqués par les Indiens, mais rien sur les canots en rondins. Au bout d'un quart d'heure environ, il entendit la porte du bureau s'ouvrir et son cousin Forester entra. Forester entra dans le bureau, mais ne dit rien à Marco. Marco continuait son travail, sans parler à son cousin. Il commença à espérer qu'il pourrait encore s'échapper. Sa seule crainte maintenant était que ses vêtements mouillés soient remarqués. Il posa plusieurs fois la main sur ses genoux pour vérifier à quelle vitesse ils séchaient. Les vêtements qu'il portait étaient de laine et d'une couleur sombre, de sorte qu'ils ne montraient pas très distinctement le mouillé, et de plus, le soleil et l'air étaient chauds ce jour-là, et les vêtements avaient séché rapidement. En un mot, lorsque midi arriva et que Marco rangea ses livres, personne n'aurait remarqué que ses vêtements étaient mouillés. Il courut en plein air jusqu'à l'heure du dîner et, même si, lorsqu'il entra pour dîner, il se sentit oppressé par un sentiment de culpabilité et d'auto-condamnation, il était convaincu que personne ne le soupçonnait. Marco pensait qu'il avait eu une évasion très chanceuse.

CHAPITRE VII.

UN DILEMME.

Bien que le premier sentiment de Marco ait été celui du soulagement, de constater qu'il était revenu de son absence sans être détecté, il se sentait après tout mal à l'aise. Il resta hors de vue jusqu'à ce que la cloche du dîner sonnât, et alors il eut presque peur d'entrer, de peur que, par un accident ou un autre, son oncle ne s'aperçût de son absence et ne lui interrogeât quelque chose à ce sujet. À l'heure du dîner, il était généralement très intéressé à discuter avec Forester de ses projets pour l'après-midi ; mais maintenant il se sentait coupable et effrayé, et il n'était pas enclin à regarder son oncle ou son cousin en face, ou à dire un mot.

Et pourtant, ce n'était pas une punition dont Marco avait peur. Il y avait très peu de garçons capables de supporter une punition, quelle qu'elle soit, avec plus de courage que lui, ou à qui l'idée de la punition inquiétait moins. C'était la détection elle-même, plutôt que ce qui allait suivre, qu'il craignait. Il y a quelque chose dans le fait même d'être détecté et exposé dans la culpabilité, devant lequel le cœur recule instinctivement ; et beaucoup de garçons supporteraient volontiers en secret deux fois la douleur qu'entraînerait la punition d'un délit, plutôt que de voir le fait qu'il a commis le délit découvert et révélé.

Cependant, rien n'indiquait, à table, que le cousin ou l'oncle de Marco le soupçonnait d'un quelconque tort. Ils parlèrent de divers sujets à leur manière habituelle. Forester s'était arrangé avec Marco pour descendre cet après-midi à l'étang du moulin, examiner le bateau, afin de voir s'ils pouvaient le faire équiper de rames, et prendre des dispositions à cet effet. Marco espérait maintenant que Forester avait oublié ce plan et ne partirait pas. Même s'il avait été très intéressé par le projet la veille, il ne se sentait plus enclin à y aller. Il souhaitait être seul, ou du moins hors de la vue de Forester. Il avait l'impression d'avoir un terrible secret en tête, et qu'il y avait un grand danger que quelque chose se produise pour le découvrir. Il espérait donc que Forester aurait oublié le rendez-vous, et qu'il serait ainsi reporté à une date ultérieure.

Mais Forester ne l'avait pas oublié ; et après le dîner, il demanda à Marco dans combien de temps il serait prêt à partir. Marco a dit qu'il devrait être prêt à tout moment ; et au bout d'une demi-heure environ, ils partirent. Ils marchèrent ensemble jusqu'à l'étang du moulin. Forester a déclaré que le bateau appartenait à un homme qui travaillait dans les moulins, mais qu'il habitait un peu au-dessus d'eux. Sa maison était près de l'eau, dans une petite vallée. L'eau de l'étang s'étendait dans cette vallée, formant une sorte de baie.

La
maison de Millman.

Un chemin menait à la maison, mais ne la dépassait pas. La maison était petite, mais elle était entourée de petites cours et de jardins agréables, ainsi que de divers enclos et poulaillers pour différentes sortes d'animaux. L'homme qui y vivait était célèbre pour élever de nombreux animaux. Il avait des cochons, des vaches, des chats maltais, et deux chiens, dont un chien d'eau, et des canards et des oies, parmi ces dernières deux oies sauvages, et des poules et des lapins ; et il y avait deux écureuils gris, suspendus dans une cage près de la porte d'entrée. Forester a parlé à Marco de ces animaux pendant qu'ils marchaient.

Marco aimait beaucoup les animaux et commençait à éprouver un grand plaisir à les voir. Lorsqu'ils approchèrent de la maison, il courut en avant pour observer les oies sauvages. Le chien d'eau a couru à la rencontre de Forester. Il connaissait Forester, pour l'avoir souvent vu là-bas auparavant. Forester et Marco se promenèrent dans les cours, observant les animaux pendant un moment, puis se dirigèrent vers le bord de l'eau, qui était tout près de la maison. Les canards et les oies nageaient dans l'eau. Forester y appela le chien, et Marco s'amusa pendant quelque temps à jeter des bâtons dans l'eau et à ordonner au chien, qui s'appelait Nelson, de s'y plonger et d'aller les ramener. Le bateau était là aussi, attaché par une corde à un poteau de la berge. Enfin, après que Marco se fut contenté de ces amusements, il dit :

"Eh bien, cousin Forester, voici le bateau."

"Oui", a déclaré Forester, "mais l'homme ne semble pas être chez lui. Je présume qu'il est au moulin."

"Et que ferons-nous dans ce cas ?" demanda Marco.

"Eh bien, je vais d'abord entrer dans la maison, vérifier le fait et prendre une pagaie."

donc dans la maison et revint peu après, apportant avec lui une pagaie. Il a dit que l'homme était au moulin, mais que sa femme avait dit qu'ils auraient peut-être le bateau pour aller le retrouver. "Je pensais", a déclaré Forester, "que vous préféreriez aller en bateau plutôt que de marcher."

"Oui," dit Marco, "je devrais."

"En plus," continua Forester, "je peux t'apprendre à pagayer."

Marco prit la pagaie des mains de Forester. Il n'en avait jamais vu auparavant. Il a dit qu'ils utilisaient toujours des rames et non des pagaies dans le port de New York. Une pagaie a une forme très différente d'une rame. Il est beaucoup plus court et plus léger, bien que la lame soit plus large. Une pagaie se travaille également différemment d'une rame. Une rame agit comme un levier contre le côté du bateau, le milieu de celui-ci reposant dans une petite encoche appelée hameçon, ou entre deux épingles en bois. Mais une pagaie se tient entièrement dans les mains.

"Pourquoi ont-ils des pagaies dans ce pays ?" dit Marco. "Les rames sont meilleures."

"Vous n'êtes pas compétent pour trancher cette question", a répondu Forester.

"Pourquoi pas?" dit Marco ; "J'ai souvent ramé sur des bateaux."

"Oui, mais tu n'as jamais beaucoup ramé. Tu as utilisé des rames, mais pas des pagaies, et tu ne peux donc pas les comparer."

"Eh bien," dit Marco, "je veux essayer cette pagaie maintenant, et ensuite je pourrai le dire."

Marco avait vu les garçons qui étaient avec lui dans le bateau ce matin-là, utilisant leurs bâtons comme pagaies, et il avait lui-même utilisé l'un des bâtons de cette manière ; et il était sur le point de dire quelque chose à ce sujet, quand tout à coup il se rappela que cela le trahirait. En fait, Marco trouvait que le fait d'avoir un tel secret en tête était une source de grand embarras et de contrainte, car il était plus d'une fois sur le point de faire une allusion par inadvertance, ce qui aurait entraîné sa révélation. Lorsqu'il parlait de bateaux, de rames, de pagaies et de sujets semblables, il devait être continuellement sur ses gardes et surveiller toutes ses paroles.

Pagayer.

Ils montèrent dans le bateau et poussèrent sur l'eau. Forester a appris à Marco comment utiliser la pagaie. Il lui donna sa place à l'arrière du bateau et lui ordonna de saisir l'extrémité inférieure de la poignée avec l'autre main. Puis, en plongeant la pale dans l'eau et en repoussant l'eau, le bateau était propulsé vers l'avant. Il lui expliqua aussi comment, en tournant la pale de la pagaie, dans un sens ou dans l'autre, il pouvait donner une impulsion à la proue du bateau vers la droite ou vers la gauche.

" Ainsi , vous voyez, " dit Forester, " avec une pagaie vous pouvez diriger, mais avec une rame vous ne pouvez pas . "

"Avec deux rames, je peux", a déclaré Marco.

"Oui." répondit Forester. "Il faut avoir deux rames pour guider un bateau, mais vous pouvez le faire avec une seule pagaie. Par conséquent, si vous ne pouvez en avoir qu'une, une pagaie vaut mieux qu'une aviron. Il y a un autre avantage à avoir une pagaie, c'est d'utiliser là, ton visage ressemble à la direction dans laquelle tu vas.

"Oui," répondit Marco, "c'est un grand avantage."

"En aviron, vous devez vous asseoir dos à la proue du bateau et regarder par-dessus votre épaule pour voir où vous allez."

"Oui", dit Marco, "à moins que vous n'ayez un timonier."

"C'est vrai", répondit Forester. "Quand vous avez plusieurs hommes à ramer et un à diriger, vous vous débrouillez très bien avec les rames, mais dans le cas d'un seul homme, il y a un avantage à pagayer. Il y a encore un autre point à considérer ,-- un il vaut mieux pagayer pour un bateau étroit et ramer pour un bateau large. »

"Pourquoi?" demanda Marco.

"Parce que," dit Forester, "une certaine largeur est nécessaire dans un bateau pour bien faire fonctionner les rames. Le rameur doit s'asseoir sur le siège et étendre la rame sur un côté du bateau, et il doit y avoir une certaine distance. entre la partie qu'il saisit et la dame de nage, afin de travailler avec avantage. Mais peu importe l'étroitesse du bateau s'il a une pagaie, car il la tient perpendiculairement sur le côté.

" Ainsi les pagaies sont meilleures, " dit Marco, " pour un genre de bateau, et les rames pour un autre. "

"Oui", répondit Forester, "et les pagaies sont meilleures pour un type de *navigation* , et les rames pour un autre. Les rames nécessitent une plus grande largeur d'eau pour fonctionner. Dans un ruisseau étroit et tortueux coulant parmi des rondins et des rochers, les rames ne répondraient pas à tout. Mais avec une pagaie, un homme peut faire passer un bateau n'importe où.

"Enfin, si c'est juste assez large pour que le bateau puisse avancer", a déclaré Marco.

"Bien sûr", répondit Forester. "La pagaie elle-même ne nécessite aucun espace supplémentaire. Mais les rames s'étendent jusqu'à présent latéralement"--

"Latéralement?" demanda Marco.

"Oui", répondit Forester; "c'est-à-dire de chaque côté. Les rames s'étendent si loin de chaque côté qu'elles nécessitent une grande largeur d'eau. Si vous essayez de passer par un endroit étroit, les rames heurteront."

"Eh bien, non," dit Marco. "Vous pouvez donner l'ordre de traîner les rames."

"Je n'en sais rien ", a déclaré Forester.

"C'est une belle manœuvre ", dit Marco, "mais elle est difficile à faire. Vous voyez, vous leur ordonnez de céder de bon cœur, afin d'avancer bien, jusqu'à ce que vous arriviez à l'endroit étroit, et alors vous *traînez* " C'est le mot. Alors les rameurs sortent tous leurs rames des dames de nage en un instant, et les laissent traîner sous les comptoirs du bateau, et il fonce à travers l'endroit étroit comme un oiseau. "

Marco est devenu très enthousiaste en décrivant cette manœuvre , mais Forester n'en a finalement pas eu une idée très précise.

"Vous nous l'apprendrez", dit Forester, "quand nous aurons nos rames et un bon équipage de garçons. En tout cas, un bateau peut être pagayé continuellement dans un espace étroit, mieux qu'il ne peut être ramé. Par conséquent, , les pagaies sont généralement utilisées sur les rivières, où il y a de nombreux endroits étroits à traverser. Les Indiens et les sauvages utilisent presque toujours des pagaies, car ils naviguent dans de nombreux passages d'eau complexes et étroits.

A ce moment- là , ils commencèrent à s'approcher du moulin. Ils atterrirent près de gros rondins qui flottaient dans l'eau, prêts à être remontés dans le moulin et sciés. Ils remontèrent la berge et de là entraient dans le moulin. L'homme à qui appartenait le bateau s'occupait du moulin. Lorsqu'il avait besoin d'une bûche, il descendait le bout d'une longue chaîne sur un plan incliné de planches qui menait à l'eau et l'attachait à une bûche. L'autre extrémité de la chaîne était attachée autour d'un essieu dans le moulin, et quand tout était prêt, l'homme mettait l'essieu en mouvement par la machinerie, ce qui faisait remonter la grume. Lorsque la bûche était dans le moulin, l'homme la roulait à sa place, sur une longue plate-forme de bois, où elle devait être sciée. Ensuite, il mettait la machine à scier en mouvement, et la plate-forme commençait à avancer, et la scie en même temps montait et descendait, sciant la bûche à mesure qu'elle avançait. Ainsi , il le sciait d'un bout à l'autre, puis, en inversant le mouvement de la machinerie, le rondin était ramené à nouveau. L'homme le déplaçait alors un peu d'un côté, juste assez pour l'épaisseur de la planche qu'il souhaitait réaliser, puis recommençait à scier. Il déplaçait la bûche au moyen d'une barre de fer munie d'une pointe acérée, qu'il enfonçait dans l'extrémité de la bûche et la faisait ainsi levier, une extrémité à la fois. Lorsque la bûche était placée dans sa nouvelle position, la machinerie était remise en mouvement et la grume était sciée à un autre endroit, d'un bout à l'autre, parallèlement au premier sciage, en laissant entre les deux la largeur d'une planche. Ce procédé se continuait jusqu'à ce que le rondin soit entièrement scié en planches, à l'exception d'un morceau au milieu, qu'il fallait laisser de double épaisseur, et cela répondait à une planche.

Marco était très intéressé à observer ce processus, et lorsque le sciage de cette bûche fut terminé et qu'une autre bûche fut dressée à sa place, Forester introduisit le sujet du bateau. Il dit à l'homme ce qu'il souhaitait faire, c'est-à-dire faire faire des hames ou des goupilles le long des côtés du bateau, et des rames pour le ramer. Il serait également nécessaire d'avoir des sièges, ou des bancs, comme on les appelle, placés de telle manière qu'il y en ait un juste avant chaque écluse de rangée. Ces sièges étaient sur lesquels les rameurs pouvaient s'asseoir lorsqu'ils ramaient. L'homme a dit à Forester qu'il pouvait faire tout ce qu'il voulait avec le bateau. Il était sûr que Forester ne lui ferait aucun mal. Forester lui demanda qui serait un bon homme pour faire le travail, et l'homme lui recommanda un fabricant de wagons qui avait un atelier tout près du moulin.

Ils se rendirent chez le constructeur de wagons et lui expliquèrent ce qu'ils voulaient. Le constructeur de wagons entreprit volontiers les travaux. Ils descendirent tous ensemble au bateau pour planifier les sièges et les emplacements pour les quilles. Ils ont conclu qu'il y avait trois paires de chaque côté. Cela nécessiterait six rames. Ces rames, le constructeur de wagons promit de les fabriquer et d'avoir terminé tous les travaux au début de la semaine prochaine. Ils ont également conclu que le bateau avait été sorti de l'eau et complètement calfeutré à nouveau, et que son fond *était rempli* de poix, car il n'était pas parfaitement étanche. Tout cela étant arrangé, Forester et Marco commencèrent à marcher vers la maison.

"Cela me semble étrange de faire travailler un constructeur de wagons sur un bateau", a déclaré Marco.

"A New York, je suppose que vous iriez chez un constructeur de bateaux", a déclaré Forester.

"Oui," répondit Marco, "bien sûr."

"Il n'y a pas de constructeurs de bateaux ici", répondit Forester. "En fait, il y a très peu de métiers représentés ici, et les ouvriers sont prêts à faire n'importe quel type de travail qu'ils peuvent."

Comme seulement une petite partie de l'après-midi était encore écoulée, Marco a demandé à Forester s'il pouvait descendre à la rivière pour pêcher. "Je peux rester dans mes limites, vous savez", dit-il.

"Oui", a déclaré Forester, "vous *pouvez* rester dans vos limites."

"Et je le ferai", a déclaré Marco. "Tu ne penses pas que je le ferai?"

"Eh bien, vous pouvez en parler mieux que moi", a déclaré Forester. « Vous êtes ici depuis quelques semaines maintenant, et je vous ai traité avec une confiance considérable , n'est-ce pas ?

"Eh bien, oui," dit Marco.

"Je t'ai donné la permission d'aller à la pêche, confiant en ta fidélité à rester dans tes limites. Je t'ai laissé seul dans ton bureau, plusieurs fois dans la matinée. Je t'ai laissé monter dans les montagnes avec d'autres garçons, et je t'ai prêté ma montre, afin que tu saches quand il serait temps de revenir. Maintenant, tu sais mieux que moi si tu as été fidèle à toutes ces fiducies.

Marco ne répondit pas. Il ne savait pas quoi dire. Il marchait en silence.

"Je vous laisse décider", a déclaré Forester. " Nous voici à la maison ; maintenant vous pouvez entrer dans le bureau et réfléchir quelques instants à ce sujet. Rappelez-vous tous les cas dans lesquels je vous ai traité avec confiance et confiance, et considérez si vous avez toujours été fidèle au confiance. Si, après réflexion, vous pensez que c'est le cas, vous pouvez prendre votre ligne de pêche et aller à la pêche. Si vous vous sentez conscient d'avoir à un moment donné trahi ma confiance, vous ne devez pas y aller cet après-midi. Vous pouvez y aller. vous pourrez jouer où bon vous semble autour de la maison et du jardin, mais vous ne devez pas aller à la pêche. Si vous doutez si vous avez trahi ou non ma confiance, et désirez me demander mon avis sur quelque cas particulier qui vous préoccupe, Attention, vous pouvez rester dans le bureau jusqu'à ce que j'entre et me le demande, et je vous le dirai. Je serai là dans quelques minutes.

Il y a eu une pause ici. Marco avait l'air très sérieux et marchait en silence. Une telle tournure de la conversation lui était tout à fait inattendue, et il ne savait que dire.

"Il est possible," continua Forester, "que vous soyez conscient que vous avez clairement été coupable d'avoir trahi la confiance que j'ai placée en vous dans un cas dont je ne sais rien, ou dont vous supposez que je ne sais rien, et vous souhaiterez peut-être me l'avouer. Si vous avez été coupable d'un tel acte, la meilleure chose que vous puissiez faire est de me l'avouer immédiatement; et si vous souhaitez le faire, vous pouvez attendre que je vienne. à cet effet. Vous pouvez donc attendre que je vienne soit pour me poser une question, soit pour m'avouer une faute. Si vous ne voulez ni l'un ni l'autre, vous pouvez sortir sans m'attendre ; mais vous ne devez pas aller à la pêche. à moins que tu puisses vraiment dire que tu as été fidèle et honnête, chaque fois que je t'ai déjà fait confiance.

cela , Forester se sépara de Marco et entra dans la maison. Marco entra lentement dans le bureau et pénétra dans le petit bureau. Il était très perplexe de savoir quoi penser de cette adresse. « Se peut-il, pensa-t-il, qu'il sache que je suis parti ce matin ? Comment a-t-il pu le savoir ? Ou a-t-il dit cela, seulement pour savoir maintenant si j'ai été honnête ou non jusqu'à présent ?

Après mûre réflexion, Marco a conclu que Forester ne savait probablement rien de son départ. Il pensait que ce qu'il venait de dire n'était qu'une partie du plan général de Forester pour gérer son cas et que cela n'impliquait pas que Forester nourrissait des soupçons particuliers. Marco pensa qu'il pourrait donc aller pêcher en toute sécurité cet après-midi s'il en était disposé ; mais il faut lui rendre justice de dire qu'il n'a pas eu un instant l'idée de le faire. Il a décidé qu'il n'irait pas. Mais comme il n'était pas disposé à avouer sa faute et qu'il n'avait aucune question à poser, il résolut d'aller jouer dans le jardin. Il pensa un peu attendre que son cousin entre, puis faire honnêtement une confession ; mais il ne pouvait pas vraiment conclure là-dessus, et il résolut donc d'y réfléchir davantage. En outre, il concluait que s'il voulait faire une confession, il préférait le faire le soir en se couchant ; car Forester montait toujours dans sa chambre après s'être couché, pour avoir avec lui une petite conversation amicale et sérieuse et lui souhaiter une bonne nuit.

Il sortit donc avant l'arrivée de Forester. Il passa l'après-midi dans un état d'esprit misérable. Il ne pouvait se débarrasser du sentiment d'anxiété que, d'une manière ou d'une autre, Forester avait découvert sa transgression. Il se demanda plutôt si, s'il était vrai que Forester l'avait découvert, il ne lui en avait pas directement parlé , mais il comprit que c'était la manière de Forester de ne pas toujours faire savoir d'un coup tout ce qu'il avait découvert. savait dans de tels cas. Mais il pensa encore une fois que Forester ne *pouvait* rien savoir de tout cela. Il n'y avait aucun moyen pour lui de le savoir. Il était absent toute la matinée et n'est rentré à la maison qu'après le retour de Marco. Il en conclut donc que Forester ne le savait pas ; mais il commença à souhaiter que ce soit le cas. Il ne supportait pas l'idée de le lui dire, mais il aurait aimé le savoir. Le fardeau d'un tel secret lui devenait intolérable. Il se promenait dans les cours et dans le jardin, ne sachant que faire de lui-même et devenant de plus en plus anxieux et malheureux. Il se trouvait dans un très sérieux dilemme.

Marco jetait parfois les yeux vers le bureau, s'attendant à voir Forester sortir. Il pensait que Forester voudrait savoir s'il était allé à la pêche ou non. Mais il n'est pas venu. Marco passa quelque temps dans le jardin avec James, qui était en train de ratisser le sol et de rassembler les objets susceptibles d'être endommagés par un gel soudain. Marco travailla avec lui pendant quelque temps et essaya de converser avec lui, mais il ne le trouva pas très communicatif, et finalement il entra dans la maison et s'assit sur le canapé du salon, lisant jusqu'à l'heure du dîner.

Marco s'attendait à ce que Forester lui demande à l'heure du dîner s'il avait pêché ou non ; mais il n'en a rien dit. Forester a parlé à son père et à sa mère de leur projet de bateau et leur a donné un récit complet de leur visite au moulin. Sa mère semblait très intéressée par le récit et dit à Marco qu'après avoir bien formé son équipage, elle devrait espérer qu'il l'inviterait à une excursion en bateau.

"Oui," dit Marco, "nous le ferons. Nous devons avoir un siège, cousin Forester, pour les passagers et les visiteurs, dans les écoutes arrière."

"Les draps arrière ?" » dit Forester, « qu'entendez-vous par les écoutes arrière ?

"Eh bien, c'est à l'arrière", dit Marco, "entre la place du barreur et celle du rameur."

« Il faudra nous le montrer, dit sa tante, quand nous viendrons voir le bateau.

Ce genre de conversation soulageait quelque peu l'esprit de Marco , mais il était néanmoins mal à l'aise et il était déterminé à raconter toute l'histoire à Forester à l'heure du coucher, s'il pouvait seulement trouver le courage de commencer.

CHAPITRE VIII.

UNE CONFESSION.

Dans la chambre où dormait Marco, il y avait un grand fauteuil rembourré, qu'on appelait communément le fauteuil ; c'était un appareil rarement utilisé par la famille, sauf en cas de maladie. Il se trouvait dans un coin de la pièce, non loin de la tête du lit de Marco. Forester avait l'habitude de s'asseoir sur cette chaise pendant qu'il restait à converser avec Marco, lorsqu'il venait prendre sa lumière.

Lorsque Forester eut pris place ce soir dans le grand fauteuil, selon son habitude, il commença sa conversation en disant :

"Eh bien, Marco, est-ce que tu as aidé James dans le jardin cet après-midi ?"

"Eh bien, non," dit Marco, "je ne l'ai pas beaucoup aidé, je n'aime pas très bien James."

"Pourquoi pas?" » demanda Forestier.

"Eh bien, je ne pense pas qu'il soit très accommodant", répondit Marco.

" Qu'a-t-il fait aujourd'hui, qui soit inconvenant ? " » demanda Forestier.

"Il ne voulait pas me prêter son couteau. Je voulais emprunter son couteau pour me couper une canne avec des chutes de pommier, et il ne m'a pas laissé l'avoir."

"Tu n'as pas ton propre couteau ?" » demanda Forestier.

"Oui", dit Marco, "mais le mien ne s'ouvre pas."

« Ne s'ouvre pas ? » répéta Forester. "Quelle est la cause de ça ?"

"Eh bien, je suppose parce que le joint est rouillé", répondit Marco.

"Pourquoi est-il rouillé ?" » demanda Forestier.

"Eh bien, voyez-vous, je l'ai posé un jour sur une pierre, là où j'étais en train de travailler dessus, et je l'ai laissé là, et il est arrivé qu'une pluie tombe dans la nuit et l'a rouillé. Je ne savais pas où il était, et donc je ne l'ai pas trouvé pendant plusieurs jours.

"Alors, je suppose", a déclaré Forester, "que James supposait que vous laisseriez son couteau dehors de la même manière et que vous le gâteriez."

"Non," répondit Marco, "ce n'était pas la raison."

"Vous êtes sûr que vous le lui avez demandé distinctement et qu'il a refusé ?"

"Oui," dit Marco.

Ici, il y eut une pause d'un moment. Marco pensait que son cousin Forester réfléchissait à ce qui devrait être fait à James, pour avoir été si peu accommodant. Il ne savait pas qu'il le dénoncerait à son père et le ferait renvoyer ; même si Marco ne souhaitait pas vraiment qu'on le refoule.

Mais Forester dit, après avoir réfléchi un moment : "Cela me fait penser à une histoire que j'ai ici ; écoutez-la et entendez-la."

La chambre de Marco.

Alors Forester sortit son portefeuille et l'ouvrit, puis parut feuilleter un instant les feuilles pour trouver une place. Puis il se mit à lire, ou à paraître lire, ce qui suit :

Il était une fois une petite fille nommée Anne. Elle vint un jour chez sa mère, alors qu'elle était assise dans le salon, et commença à se plaindre amèrement de sa sœur Mary. Sa sœur Mary était plus âgée qu'elle et possédait une poupée. Anne se plaignait que Mary ne lui prêterait pas sa poupée.

"Es-tu sûr qu'elle a refusé de te prêter sa poupée ?" demanda sa mère.

"Oui, maman, j'en suis *sûre* ", répondit Anne.

"Peut-être qu'elle joue avec elle-même", dit sa mère.

"Non", répondit Anne, "elle repasse dans la cuisine."

"Je pense que tu dois te tromper", dit sa mère. "Va lui demander encore. Ne lui dis pas que je t'ai envoyé, mais demande-lui toi-même si elle voulait vraiment dire qu'elle n'était pas disposée à te prêter sa poupée."

Alors Anne courut poser à nouveau la question à Mary ; bientôt elle revint avec la même réponse. "Mary", dit-elle, "ne le lui prêterait pas."

"Je suis vraiment désolée de l'entendre", dit sa mère, "car maintenant je suppose que je vais devoir vous punir."

"Pour *la punir* , tu veux dire", dit Anne.

"Non", dit sa mère, "pour te punir. Je ne pense pas *qu'elle* soit à blâmer."

"Eh bien, maman, comment puis- *je* être coupable si elle ne veut pas me prêter sa poupée ?"

"Vous *l'êtes* , je n'en doute pas", dit sa mère. "Mary est une fille de bonne humeur et accommodante , toujours prête à faire des gentillesses, et si elle ne veut pas vous prêter quoi que ce soit , c'est que vous l'avez créé vous-même, par quelque mauvaise conduite. prouve sans aucun doute que c'est toi qui dois être puni. »

Ici, Anne a commencé à baisser la tête et à avoir l'air un peu honteuse. La supposition de sa mère s'est avérée exacte, car, après s'être renseignée, il est apparu que Mary avait prêté sa poupée à Anne quelques jours auparavant et que lorsqu'elle en voulait à nouveau, Anne n'était pas disposée à la lui donner, et lorsque Mary a insisté pour Lorsqu'elle la lui apporta, elle se mit en colère et jeta la poupée par la fenêtre.

"Je n'ai jamais entendu cette histoire auparavant, cousin Forester", a déclaré Marco. "Et je ne savais pas que tu avais des histoires dans ton portefeuille."

Forester rit et sortit son portefeuille.

"Je ne crois pas qu'il y ait une quelconque histoire là-dedans", a déclaré Marco. "Tu l'as inventé pour moi, je le crois sincèrement."

"Oui", a déclaré Forester, "je l'ai fait. Cela ne correspond-il pas très bien à votre cas ?"

"Pourquoi, je ne sais pas", dit Marco. "Je ne vois pas pourquoi il ne pourrait pas me laisser son couteau."

« Supposons que *je* lui ai demandé son couteau ; ne pensez-vous pas qu'il me l'aurait prêté ? »

"Oui," dit Marco, "je n'ai aucun doute qu'il le ferait ; il ferait n'importe quoi pour *vous* , bien sûr, parce que vous le payez - ou que c'est votre oncle qui le paie, ce qui est la même chose."

"Je ne pense pas que ce soit la raison", a répondu Forester. "Il y avait l'homme au moulin aujourd'hui, qui a dit que je pourrais prendre son bateau et en faire tout ce que je voudrais en faire."

"Oui," dit Marco, "je l'ai remarqué."

"Et peut-être pensiez-vous que c'était tout à son honneur qu'il l'ait fait."

"Oui," dit Marco.

" Mais le fait est, " répondit Forester, " et je pense que c'était plus à mon honneur qu'au sien ; parce que j'ai eu son bateau un grand nombre de fois jusqu'à présent, et le fait qu'il ait tellement confiance en moi maintenant montre à quel point j'ai eu confiance en moi. J'ai déjà agi avec ses biens auparavant. J'ai toujours pris beaucoup de peine à les utiliser avec soin, à les remettre à leur place en toute sécurité, à faire sortir l'eau, s'il y en avait dedans, et à laisser tout en ordre. J'ai fait cela, non seulement parce qu'il est juste et juste que je ne lui fasse pas subir d'inconvénients à cause de sa faveur, mais aussi par politique.

"Qu'entendez-vous par question de politique ?" demanda Marco.

"Eh bien, compte tenu de mon propre intérêt. Si je ne le faisais pas, je devrais bientôt empêcher les gens de me prêter leurs affaires. Et je pense qu'il doit y avoir une bonne raison pour laquelle James ne veut pas vous prêter son couteau."

"Eh bien, il dit," répondit Marco, "que je ne ramène pas ses affaires."

"Ah!" reprit Forester, c'est tout. Je pensais qu'il devait y avoir une telle raison. Vous avez perdu votre caractère avec James, et je vous conseille d'en acquérir un nouveau dès que vous le pourrez. D'ailleurs, vous lui avez fait une injustice ce soir. " Vous l'avez représenté vous refusant son couteau parce qu'il était peu accommodant et égoïste, alors que ce n'était que par souci de la sécurité de ses biens. Ce que vous avez dit était de nature à produire dans mon esprit une impression défavorable à son encontre, et qui aurait pu été injuste. »

Marco s'en rendit compte et se tut.

"Je suis désolé que votre couteau soit rouillé", reprit Forester. "Peut-être que je peux l'ouvrir pour toi."

"Comment?" demanda Marco.

" Eh bien, je crois que le meilleur moyen est de tremper le joint dans de l'huile. L'huile va s'insinuer dans le joint, et alors nous pourrons saisir la lame avec une paire de pinces, ou quelque chose du genre, et l'ouvrir ; et puis, en le travaillant d'avant en arrière plusieurs fois, la rouille disparaîtra et le couteau sera aussi bon qu'avant. S'il est vraiment très rouillé, ce plan ne répondra pas.

« Que faut-il faire dans ce cas ? demanda Marco.

"Le seul moyen alors est de l'apporter chez un forgeron quelconque et de lui faire percer le rivet. Ensuite, nous pourrons retirer la lame entièrement. Par ce moyen, nous pouvons la nettoyer de sa rouille, puis la remettre en place avec un nouveau rivet. Si vous me donnez votre couteau demain, j'essaierai de le remettre en ordre pour vous, de l'une ou l'autre de ces manières.

"Et maintenant," continua Forester après une courte pause, "il est temps pour moi de descendre, à moins que vous n'ayez quelque chose à dire."

Même s'il n'était pas rare que Forester termine ainsi sa conversation du soir, l'attention de Marco fut particulièrement attirée par l'excellente occasion que lui offrait cette remarque de faire ses aveux. Il voulait vraiment y arriver , mais il ne savait pas par où commencer. Il aurait souhaité que son cousin lui pose des questions à ce sujet ou qu'il aborde le sujet d'une manière ou d'une autre, mais Forester restait silencieux. Bientôt il se leva, vint au chevet de Marco et lui demanda s'il avait assez chaud, car les nuits à cette saison de l'année commençaient à être fraîches.

"Oui", a déclaré Marco, "je suis très à l'aise."

"Eh bien, bonne nuit." Alors Forester prit la lampe et se dirigea lentement vers la porte.

"Cousin Forester", dit Marco.

"Quoi?" dit Forestier.

"Ne pars pas tout de suite."

Forester se retourna et s'avança jusqu'au pied du lit. Il y avait un haut marchepied au pied du lit, et Forester s'y appuyait, la lampe à la main.

"Y a-t-il quelque chose que tu veux me dire?"

Marco resta silencieux. Il avait l'air affligé et embarrassé et bougeait sa tête avec agitation sur son oreiller.

" Il y a quelque chose qui ne va pas, n'est-ce pas, Marco, " dit Forester, " et vous vous demandez si vous devez m'avouer ou non ? Si c'est le cas, faites ce que vous voulez. J'aime que vous avouez ce que vous avez. C'est mal de faire cela, mais si vous le faites, cela doit être fait de votre propre gré. »

"Eh bien," dit Marco, "je veux te parler de mon départ pour jouer ce matin."

"Combien de temps es-tu parti ?" » demanda Forestier.

"Presque toute la matinée", répondit Marco.

"Eh bien," dit Forester, "je suis très heureux que vous ayez décidé de l'avouer de votre propre gré, mais je sais tout à ce sujet."

Marco se leva dans son lit, regarda son cousin en face et dit :

"Pourquoi, cousin Forester, comment le sais-tu ?"

"Pour vous prouver que je le savais vraiment, je vais vous raconter ce que vous avez fait. Vous êtes sorti par la fenêtre peu après mon départ et vous êtes allé dans le jardin de M. Eldon, où George Eldon et Samuel Warner creusaient des vers pour Ensuite, vous êtes descendu avec eux jusqu'à la rivière. Vous vous êtes caché derrière eux lorsque vous passiez en vue de la maison, de peur que votre père ne vous voie, alors qu'il était dans la cour, en train d'élaguer des arbres. Ensuite, vous êtes descendu à l'appât. rivière et vous vous êtes assis sur une bûche sous des buissons, en train de pêcher. Au bout d'un moment, vous avez repéré un vieux canot en rondins qui dérivait sur la rivière, et les autres garçons sont sortis à gué et l'ont récupéré. Ensuite, vous êtes tous montés dedans et avez pagayé pendant environ un moment, et Ensuite, vous avez été emporté par les déchirures et renversé dans l'eau. Votre casquette a dérivé le long du ruisseau, et vous l'avez poursuivi dans le canot et vous l'avez récupéré. Après cela, vous avez enlevé vos bas et vous en avez essoré l'eau, et puis vous êtes revenu. " Tu es entré dans le bureau seulement environ un quart d'heure avant mon arrivée. "

Marco écoutait avec un vif intérêt ce récit minutieux de ses aventures, se demandant comment son cousin avait pu obtenir des informations si précoces et si complètes. Après que Forester eut terminé, il s'arrêta un instant et poussa un long soupir. Puis il reposa la tête sur son oreiller, en disant :

"Eh bien, je ne vois pas comment vous l'avez découvert ; et je suis désolé que vous l'ayez fait, car j'avais l'intention de tout vous raconter moi-même."

Marco semblait vraiment déçu d'avoir perdu l'occasion de faire des aveux complets, mais Forester lui a dit qu'il considérait qu'il *avait* fait des aveux complets. « Vous vous êtes décidé à le faire, dit-il, et vous avez commencé, et c'est le début qui a demandé tous les efforts. Je me suis seulement abstenu de vous interroger sur les détails, pour vous montrer que je suis réellement en mesure de le faire. savait tout cela. »

"Je ne vois pas comment tu l'as découvert", dit Marco. "Je suppose que c'est sûrement ce que les garçons te l'ont dit."

"Non", a répondu Forester; "Je n'ai vu aucun des garçons ni entendu parler d'eux, directement ou indirectement."

"Alors tu as dû me surveiller toi-même", dit Marco, "au lieu de t'en aller."

« Pensez-vous, » dit Forester, « que je ferais semblant de m'en aller, puis que je m'éloignerais un peu et que je vous attendrais pour vous surveiller ?

"Eh bien, non," dit Marco, "je ne suppose pas vraiment que vous le feriez."

"Non", a déclaré Forester, "je suis vraiment parti en dehors de la ville. Je suis allé rendre visite à un malade et l'aider à faire son testament, et je ne suis revenu que juste avant que vous ne me voyiez."

"Alors je ne vois pas comment tu le savais," dit Marco.

"Cela n'a que très peu d'importance pour vous de savoir cela", dit Forester, "mais je voudrais vous poser un peu plus de questions sur cette affaire. Êtes-vous prêt à répondre à toutes les questions que je pourrais vous poser ?"

Marco a répondu par l'affirmative et Forester l'a interrogé sur les circonstances qui l'avaient poussé à partir. Marco lui expliqua comment il voyait les garçons, ce qu'il pensait qu'ils faisaient, ce qui l'avait poussé à aller les voir et comment on l'empêchait de revenir comme il l'avait prévu. Il y avait un air d'ouverture et d'honnêteté dans la manière dont Marco a raconté ces faits, ce qui a convaincu Forester qu'il disait la vérité.

Forester fut heureux de constater que ce n'était pas un plan délibéré et préconcerté, entre Marco et les autres garçons, de partir dans cette expédition ; Car, si mauvais qu'il fût pour Marco de se laisser entraîner par de telles tentations, cela aurait été pire, ou plutôt cela aurait indiqué un pire état de caractère, s'il avait délibérément planifié une telle absence.

"Eh bien," dit Forester, alors qu'il était sur le point de mettre fin à la conversation, "je suis très heureux que vous ayez décidé d'avouer votre faute. Je suis également très heureux que vous ne soyez pas allé pêcher cet après-midi sous une sorte de permission que je vous ai donnée. Je déduis de ces deux choses que vous désirez être guéri de ces défauts et devenir un garçon aux principes moraux fermes. Or, c'est une règle chez moi, en général, de ne pas punir un garçon pour ce qu'il a fait. " Il avoue de son propre chef. Pourtant, je pense qu'il vaudrait probablement mieux que vous soyez puni pour cela. Cela contribuerait à faire une forte impression sur votre esprit et vous permettrait de résister beaucoup plus facilement à de telles tentations.

le moment venu. Mais vous pouvez décider vous-même de cette question. Si vous décidez de vous soumettre à une punition et que vous me le dites demain matin, je trouverai une punition qui vous conviendra. Si vous ne me dites rien à ce sujet, je ne vous punirai pas. En disant cela , Forester souhaita bonne nuit à Marco.

Le lendemain matin, Marco a rencontré Forester dans les escaliers, alors qu'il descendait prendre son petit-déjeuner, et lui a dit qu'il pensait qu'il devrait se sentir mieux d'être puni. Alors Forester réfléchit à ce sujet, et à neuf heures, quand Marco entra pour commencer ses études, Forester lui dit qu'il avait terminé sa punition.

"Qu'est-ce que ça va être ?" dit Marco.

"C'est à moi de ne pas vous permettre d'étudier," répondit Forester, "toute cette matinée, mais de vous obliger à rester assis tranquillement à votre bureau, sans rien faire. Vous voyez, ce sera une sorte d'emprisonnement solitaire, seul votre la prison sera en elle-même un lieu agréable. »

Marco pensait que ce ne serait pas une punition très sévère, mais il a découvert, en la supportant, qu'elle était en fait beaucoup plus sévère qu'il ne l'avait imaginé. Il était effectivement très fatigué, bien avant la fin de la matinée. Il a conclu que l'emprisonnement solitaire pendant des années, dans un cachot sombre, devait être en effet une punition terrible.

Un an ou deux après cette époque, alors que Marco était entièrement guéri de tous ces défauts, il demanda un jour à Forester de lui expliquer comment il savait où il allait pendant cette matinée mémorable ; et Forester le lui expliqua volontiers. Il semble que le père de Forester, bien que très doux et bon cœur, était un homme très astucieux, et ayant été habitué à découvrir, au cours de sa pratique, toutes sortes de farces et de friponneries, il était moins disposé à placer confiance dans les autres jusqu'à ce qu'il sache que cette confiance était méritée, que Forester lui-même, qui avait moins d'expérience. Et quand il apprit que Forester était parti, laissant Marco seul, il douta un peu s'il continuerait assidûment à son travail. Pendant qu'il réfléchissait à cela, il entendit un léger bruit que Marco faisait avec ses pieds contre les planches à clin de la maison en sortant par la fenêtre. Il entra donc dans le bureau un instant après et constata que Marco était parti. Il regarda par la fenêtre et le vit s'éloigner vers les autres garçons. Juste à ce moment-là, l'homme est venu pour l'aider à tailler ses arbres, mais avant de commencer ce travail, il est entré dans la maison chez James, l'a appelé à une fenêtre, lui a montré Marco et lui a dit :

"Je veux que tu le suives, James, et que tu le surveilles jusqu'à son retour, mais si possible, ne le laisse pas te voir. Ne m'en parle pas, mais rends compte à mon fils Forester de tout ce que tu as fait." observer."

James fit ce qu'on lui demandait, et quand Forester revint, il lui raconta toute l'histoire, juste avant que Forester n'entre dans le bureau. Pour que Forester sache tout avant que Marco ne le voie. James a géré l'affaire très adroitement, car il s'est tenu entièrement hors de vue, sauf dans un cas, et c'est alors que les garçons sont tombés à l'eau. Il se précipita alors vers eux de peur qu'ils ne se noient, mais il s'arrêta sur la berge lorsqu'il vit qu'il n'y avait aucun danger et disparut de nouveau avant que Marco n'ait eu le temps de le reconnaître.

CHAPITRE IX.

NAVIGATION DE PLAISANCE.

Les modifications et améliorations que Forester avait commandées sur le bateau ont été achevées dans les délais promis. Marco a déclaré qu'il faudrait un équipage de huit personnes pour manœuvrer correctement le bateau : six rameurs, un archer et un barreur. Marco a prononcé ce mot comme s'il s'écrivait *coxen* . C'est la bonne façon de le prononcer. Cela signifie celui qui est assis à l'arrière, pour diriger le bateau et diriger les rameurs. En fait, le barreur est le commandant de l'équipage du bateau.

" *Je* serai archer, " dit Marco, " et tu pourras être barreur, et alors nous aurons besoin de six garçons pour rameurs. "

"Vous devrez alors m'expliquer quelles seront mes fonctions", dit Forester, "car je ne sais même pas ce qu'est un barreur."

"Eh bien, c'est lui le commandant", a déclaré Marco. "Il donne tous les ordres."

" Alors vous devez d'abord être barreur, " dit Forester, " car je n'y connais rien . Vous devez nous apprendre à tous. Après que j'aie appris à diriger un bateau à six rames, un navire de guerre mode, j'aimerais parfois beaucoup être barreur. Et il me semble, " ajouta Forester, " que vous et moi ferions mieux de descendre d'abord seuls, jusqu'à ce que vous m'appreniez, et ensuite nous pourrons faire venir les garçons ensuite. ".

"Oh non," dit Marco, "vous apprendrez tous assez facilement ensemble. Je peux vous dire exactement quoi faire."

Forester accéda à cette proposition et ils dressèrent une liste de six garçons, et Forester autorisa Marco à les inviter à venir. "Assurez-vous", a déclaré Forester, "de dire à leurs parents que nous sortons en bateau et dites-leur que j'y vais aussi." Marco a fait ça. Les garçons ont tous accepté l'invitation avec plaisir. Ils arrivèrent d'abord à la maison, puis suivirent un chemin, partant du pied du jardin, qui conduisait à l'étang du moulin. Il était environ une heure et demie lorsqu'ils atteignirent le bateau.

Ici, il y eut une grande scène de confusion, alors que les garçons commencèrent tous à parler et à poser des questions ensemble. Ils trouvèrent le bateau en bon état, parfaitement étanche et sec, et les nouveaux sièges étant tous à leur place. Mais les rames n'étaient pas là. Forester recommanda à Marco d'envoyer un détachement de ses hommes pour se rendre à l'atelier du constructeur de wagons et les récupérer. Marco envoya donc trois des garçons, calculant très justement qu'ils pourraient emporter chacun deux rames. Au bout de quelques minutes, ils revinrent, chacun des garçons ayant deux rames, une sur chaque épaule.

Les autres garçons commencèrent aussitôt à prendre les rames, et ils s'avancèrent tous ensemble vers le bateau pour y monter.

"Arrêtez", s'écria Marco, "arrêtez, les garçons ! vous ne devez pas monter à bord sans ordre. Je suis barreur ; vous devez attendre que je vous le dise avant que l'un de vous monte à bord. John, sortez."

John, qui était monté dans le bateau, revint en entendant cet ordre péremptoire, et les garçons attendirent sur la berge. Marco leur dit alors de mettre les rames. Les garçons commencèrent à les lancer, en confusion, certains tombant sur les bancs, et d'autres dans le fond du bateau.

" Non, arrête," dit Marco; "Ce n'est pas ainsi. Mettez- les en ordre."

"Oui, mets- les en ordre", dit John. "Mettons- les en ordre."

"Posez- les le long des bancs", dit Marco, "les pales en avant."

Marco a expliqué aux garçons comment placer les rames. Ils étaient disposés au milieu des bancs de manière à laisser de la place pour s'asseoir à côté d'eux. Ils étaient placés de telle manière que la poignée de l'un d'eux tombait sur chaque siège.

" *A bord !* " dit Marco d'un ton militaire.

Les garçons n'ont pas compris cet ordre et, bien entendu, ne l'ont pas obéi.

" *A bord* , dis-je ! " répéta Marco ; "Quand je dis *A bord* , vous devez tous monter dans le bateau."

Avec cette explication du mot d'ordre, les garçons comprirent ce qu'ils devaient faire et montèrent à bord du bateau aussi vite qu'ils le purent. Il y avait beaucoup de confusion parmi eux pour obtenir leur place. Plusieurs d'entre eux commencèrent à reprendre leurs rames, jusqu'à ce que Marco leur en interdise à haute voix.

"Vous ne devez pas toucher les rames", dit-il, "jusqu'à ce que je dise *Lancer* . Ensuite, vous devez les prendre et les lancer en l'air."

"Comment?" » dit l'un des garçons, nommé Joseph. "Comment, Marco ?"

Cette question fut à peine entendue dans la confusion.

"Taisez-vous, les garçons ; ne parlez pas et ne vous arrêtez pas pour demander *comment* , mais faites ce que je vous dis."

Marco était tellement habitué à l'idée que les marins attachent au mot *lancer* et à la manière dont ils effectuent l'évolution, qu'il en oublia combien il pouvait y avoir de façons différentes de lancer une rame. La bonne manière est, lorsque l'ordre est donné, que chaque rameur lève la lame de son aviron rapidement, mais doucement, en l'air, en laissant l'extrémité du manche reposer sur le banc. Il est alors en mesure d'être mis à l'eau commodément lorsque l'ordre suivant, qui est " *Laissez tomber*" , est donné.

Le fait de lever les rames, puis de les laisser tomber toutes exactement ensemble, par l'équipage d'un bateau de guerre, donne un très joli spectacle.

Les garçons, cependant, n'en savaient rien, car Marco, comme tout cela lui était très clair et familier, ne se rendait pas compte de la nécessité de donner des explications très minutieuses aux nouvelles recrues telles que celles qui étaient sous ses ordres. En conséquence, lorsque l'ordre fut *donné* , certains des garçons restèrent assis, regardant Marco et ne sachant que faire ; d'autres levaient leurs rames en l'air, les uns dans un sens, les autres dans un autre ; et Joseph, un peu troublé par la rebuffade qu'il avait essuyée, conclut qu'il obéirait le plus littéralement possible, peu importe ce qui en résulterait, et il lança haut son aviron en l'air. Il tomba à peu de distance de lui dans l'eau, descendit un moment hors de vue, puis, s'élançant sur la moitié de sa longueur, il tomba sur le côté et commença à flotter au loin.

"Lancer."

Là-dessus s'ensuivit une scène de rires et de confusion telle qu'on aurait pu s'y attendre. Tous commencèrent à crier des exclamations et des ordres, et à donner des instructions sur la manière de procéder pour récupérer la rame perdue. Les garçons qui avaient encore des rames les jetèrent confusément dans l'eau et commencèrent à les pousser, à les pousser et à pagayer pour amener le bateau là où flottait la rame de Joseph. Pendant tout ce temps, Forester resta sur la rive, se moquant de cet exemple de commandement et de subordination nautiques.

Après un certain temps , la rame fut récupérée et Marco, après beaucoup de réprimandes et de vociférations, remit de l'ordre à son équipage. Forester dit qu'il resterait là où il était, sur la berge, jusqu'à ce que Marco ait un peu essayé ses rameurs. Marco continua donc à donner ses ordres. Il réussit finalement à remettre tous les garçons à leur place, les rames à la main.

"Maintenant, les garçons, faites attention," dit-il, "et je vais vous dire exactement quoi faire. *Attention !* Quand je dis *Attention* , vous devez tous arrêter de parler. *Attention !* Maintenant, vous ne devez plus dire un mot. Vous devez retenir sortez vos rames sur l'eau et ayez-les toutes prêtes, les manches dans vos mains, et quand je vous dirai *Cédez* , alors vous devrez tous vous mettre à ramer, tous ensemble exactement, de manière à garder le coup. le rameur.

Mais les garçons ne savaient pas qui était le rameur, et ils commencèrent à s'enquérir bruyamment, malgré l'injonction de silence qu'ils avaient reçue. Marco leur expliqua que le rameur était celui qui était assis le plus près de lui, c'est-à-dire le plus en arrière. Comme les rameurs étaient tous assis dos à la proue du bateau, leurs visages étaient tournés vers la poupe, et donc celui qui était assis le plus en arrière pouvait être vu des autres. C'est la raison pour laquelle le banc le plus en arrière est fait comme siège du meilleur rameur, et les autres sont tenus de faire en sorte que leurs mouvements suivent le sien. Car les rames d'un bateau entièrement équipé sont si rapprochées les unes des autres, que, à moins qu'elles ne suivent exactement l'heure les unes par rapport aux autres, les pales se croiseraient et se heurteraient dans une confusion totale. Mais s'ils gardent le coup, comme ils l'appellent, exactement ensemble, tout va bien. C'est pour cette raison que le rameur qui est assis à l'arrière et dont la rame doit régler le mouvement de toutes les autres avirons, est appelé le rameur de course.

Mais les garçons ne savaient rien de tout cela. Marco se contenta de leur donner une direction générale, garder le coup avec le rameur, et commencer quand il donnerait l'ordre : « *Cédez le passage* ». En conséquence, après que tout fut de nouveau silencieux, les rames étant étendues sur l'eau, et Forester debout sur la berge observant l'opération, Marco cria sur le ton du commandement : « *Cédez* !

Les garçons se mirent immédiatement à ramer, tous regardant le rameur, mais ne parvenant absolument pas à suivre le rythme. Les rames se heurtaient, se croisaient et produisaient toute sorte de confusion. Certains ne pouvaient pas entrer dans l'eau et d'autres ne pouvaient pas en sortir ; et la rame de Joseph, qui, d'une manière ou d'une autre, sortit trop brusquement, alors qu'il tirait fort dessus, le fit basculer en arrière de son siège et tomber au fond du bateau.

Mauvais aviron.

" *Rames !* " dit Marco, " RAMES ! "

Ce que Marco entendait par *rames* , ils ne le savaient pas, alors ils ne prêtèrent aucune attention à l'ordre, mais certains arrêtèrent de ramer par désespoir, tandis que d'autres continuèrent, frappant les pales des rames les unes contre les autres et faisant claquer l'eau, mais ne produisirent aucun effet. quoi qu'il en soit en ce qui concerne la propulsion du bateau. Pendant ce temps, l'air était rempli de cris de rire et de vociférations bruyantes.

« *Des rames !* » s'écria encore Marco, avec la voix d'un colonel à la tête de son régiment. " *Rames !* Pourquoi ne t'arrêtes-tu pas quand je dis *Rames ?* "

Les garçons ont commencé à s'arrêter en se criant : « Stop ! » "Arrêt!" En quelques minutes, tout était redevenu calme. Les garçons commencèrent à ramer leurs rames et l'un d'eux se leva et dit :

" Poh ! tout cela n'a aucun sens. On ne peut rien faire avec des rames. Je préfère avoir une bonne pagaie plutôt que toutes les rames de New York. "

En fait, Marco lui-même commençait à désespérer. Il poussa quelques exclamations d'impatience et essaya de faire avancer le bateau vers le rivage. Mais il se rendit compte qu'il était presque aussi maladroit à manier une pagaie que les autres garçons l'étaient à manier les rames. Il réussit cependant à amener le bateau à terre, puis il dit aux garçons qu'ils feraient aussi bien de sortir, car ils ne pouvaient rien faire du tout en matière d'aviron.

"Vous n'avez pas l'air de vous entendre très bien, Marco", dit Forester. "Qu'est-ce qu'il y a ?"

"Eh bien, je n'ai pas d'équipage. Ils n'en savent rien ."

"Il me semble que la faute incombe au commandant", a déclaré Forester.

"En moi?" dit Marco. "Eh bien, je leur ai bien ordonné, mais ils n'ont pas obéi."

"Oui, vos ordres auraient été corrects si vous aviez eu un équipage entraîné. Mais vous ne parvenez pas à former de la bonne manière les recrues brutes."

"J'aimerais que vous essayiez alors, cousin Forester", dit Marco.

"Eh bien," dit Forester, "je n'ai aucune objection à essayer. Les garçons, êtes-vous prêts à m'avoir pour commandant ?"

"Oui, monsieur", "Oui, monsieur", dirent tous les garçons.

"Je serai beaucoup plus strict que Marco", a déclaré Forester. " Je ne m'attends donc pas à ce que vous m'aimiez. Mais je vais essayer. Je ne veux pas avoir autant de rameurs pour commencer ; je préfère en enseigner quelques-uns à la fois. Y a-t-il parmi vous qui aimerait débarquer et laisser les autres s'entraîner en premier ? »

Aucun des garçons n'a bougé. Ils souhaitaient tous s'entraîner d'abord. C'était exactement ce à quoi Forester s'attendait.

"Très bien", a déclaré Forester; "Je sais comment réduire mon équipage. Dès que je constate que vous n'obéissez pas à mes ordres, je vous débarquerai."

"Mais supposons que nous ne comprenions pas ?" » dit l'un des garçons.

"Je t'expliquerai d'avance ce que tu dois faire. Et, Marco, tu devras observer comment je m'y prends, et alors tu le sauras une autre fois. Quand tu as quelque chose à enseigner, l'art consiste à diviser la leçon en un grand de nombreux pas très courts et laissez vos élèves les faire un à la fois. »

Forester ne savait rien de la gestion de l'équipage d'un bateau jusqu'à ce jour, mais il avait observé très attentivement tous les ordres que Marco avait donnés et avait remarqué leur signification, et il était donc prêt à manœuvrer le bateau aussi loin que Marco était allé en donnant ses ordres. . Il monta donc dans le bateau et prit la place de Marco ; tandis que Marco lui-même s'avançait et prenait place à la proue du bateau, en disant qu'il allait être bowman.

"Marco," dit Forester, "vous dites que lorsque l'ordre est *Attention* , l'équipage doit se taire ; quel est l'ordre quand je veux leur donner la liberté de parler à nouveau ?"

" *Equipage à l'aise* " dit Marco.

"Très bien. Maintenant, les garçons, quand je dis *Attention* , vous devez rester tranquilles, me regarder, entendre tout ce que je dis et obéir aux ordres aussi exactement que vous le pouvez, mais ne poser aucune question, ne me donner aucun conseil, ni parler à quelqu'un. Peut-être que deux ou trois d'entre vous *désobéiront* , et je n'ai aucune objection à cela, car j'aimerais une excuse pour mettre certains d'entre vous à terre.

Forester sourit en disant cela, et chaque garçon décida que ce ne serait pas lui qui serait envoyé à terre.

" *Attention !* " dit Forester.

Forester a ensuite mis sa pagaie dans l'eau et a poussé le bateau jusqu'à l'étang un peu plus loin. Pendant qu'il faisait cela, il y avait un silence de mort à bord du bateau. Pas un garçon n'a dit un mot ; et quand enfin Forester cessa de pagayer, le bateau flottait doucement sur un petit chemin sur l'eau, et on n'entendait aucun bruit sauf l'aboiement lointain d'un chien sur la rive opposée.

" *Équipage à l'aise* ", a déclaré Forester. Les garçons ont ri, ont changé de position et ont commencé à parler.

"Je n'ai fait débarquer aucun d'entre vous à ce moment-là", a déclaré Forester, "mais je réussirai la prochaine fois, car je surveillerai l'occasion lorsque vous serez tous occupés à parler, et je dirai : *Attention* , tout à coup ; alors vous ne pourrez pas tous débarquer. arrêtez-vous dans un instant, mais certains continueront juste pour terminer leur phrase, et ce serait désobéir à l'ordre, et je vous ramènerai donc à terre.

Les garçons ont ri ; ils pensaient que ce n'était pas une très bonne politique de la part de Forester de leur donner cet avertissement de son intention, car cela les mettait tous sur leurs gardes. Bientôt, le mot d'ordre vint très soudainement : « *Attention !* » Chaque voix se tut en un instant ; Les garçons prirent immédiatement une position droite et regardèrent directement vers Forester.

"Joseph," dit Forester, "quand je donnerai l'ordre *de lancer*, tu devras prendre ton aviron et lever la lame en l'air, et la tenir perpendiculairement, avec l'extrémité du manche reposant sur le banc à côté de toi, sur le côté. côté du bateau opposé à celui sur lequel vous allez ramer,-- *Lancez !* "

Alors Joseph leva sa rame comme indiqué, sous le regard des autres garçons.

"Laissez tomber encore", a déclaré Forester. Joseph obéit.

" *Équipage à l'aise* ", a déclaré Forester.

Forester a agi très sagement en ne retenant pas l'attention de l'équipage très longtemps. En les relevant très fréquemment, il faisait une distinction entre être sous les ordres et à l'aise très marquée et frappante, de sorte que les garçons s'en souvenaient facilement. En quelques instants, il retint l'attention, avec le même succès qu'auparavant. Il ordonna ensuite à un autre garçon de lancer sa rame, puis à un autre, et ainsi de suite, jusqu'à ce qu'il ait enseigné le mouvement à chacun séparément. Il donnait à chacun les explications dont il avait besoin, et quand c'était nécessaire , il leur faisait faire deux fois l'évolution, afin d'être sûr que chacun comprenne exactement ce qu'il fallait faire. Ensuite, Forester a donné l'ordre à tous de se lancer ensemble, et ils l'ont fait avec beaucoup de succès. Les rames s'élevaient et se dressaient perpendiculairement comme autant de mâts ; tandis que Forester pagayait lentement sur le bateau dans l'eau. Puis il ordonna aux garçons de redescendre les rames, doucement, jusqu'à leur place le long des bancs, et de mettre l'équipage à l'aise.

Les garçons s'apercevaient maintenant qu'ils faisaient des progrès. Ils gagnaient lentement, c'est vrai, mais sûrement, et Marco voyait où était la cause de son échec. Il n'avait pas réalisé à quel point tous ces garçons ignoraient tout le mystère du maniement d'un aviron et de l'action de concert ; et d'ailleurs, il n'avait pas assez d'expérience en tant qu'enseignant pour savoir à quel point il faut faire de petits pas pour enseigner une science ou un art entièrement nouveau.

De la même manière lente et prudente, Forester apprit aux garçons à laisser tomber doucement les lames de leurs rames dans l'eau, au commandement « *Laissez tomber* ». Il enseignait un à un, comme auparavant, chaque garçon laissant tomber les pales dans l'eau et laissant le milieu de l'aviron entrer dans le verrou de rame, tandis qu'il tenait le manche dans ses mains, prêt à ramer. Puis, sans les laisser ramer, il leur ordonna de *se lancer* de nouveau ; c'est-à-dire soulever les rames hors de l'eau et les maintenir en l'air, l'extrémité du manche reposant sur le banc. Il les entraîna à cet exercice pendant un certain temps, jusqu'à ce qu'ils puissent le faire avec aisance, régularité et rapidité. Il donna alors l'ordre : « *Équipage à l'aise* », et laissa les garçons se reposer et profiter de la conversation.

Pendant qu'ils se reposaient, Forester les faisait pagayer. Les garçons lui demandèrent quand il allait les laisser ramer, et Forester leur répondit que peut-être ils avaient fait assez d'exercices pour une journée et que s'ils le voulaient, il n'exigerait rien de plus d'eux, mais les ramerait et les laisserait aller. s'amuser. Mais ils étaient tous impatients d'apprendre à ramer. Alors Forester a accepté.

Il leur apprit l'usage de l'aviron, de la même manière lente et prudente qui avait caractérisé ses instructions précédentes. Il faisait apprendre un à un, lui expliquant minutieusement chaque mouvement. Pendant que chacun pratiquait tour à tour ces instructions, les autres regardaient, observant tout avec une grande attention, afin d'être prêts quand leur tour viendrait. Enfin, quand ils eurent ramé séparément, il essaya d'abord deux, puis quatre, puis six ensemble, et finalement les fit tellement entraîner qu'ils purent très bien garder le coup. Pendant qu'ils tiraient de cette manière, le bateau filait très rapidement. Lorsqu'il voulait qu'ils s'arrêtent, il criait « *Rames* ». C'était l'ordre pour eux d'arrêter de ramer, après avoir terminé le coup qu'ils avaient commencé, et de tenir les rames en position horizontale, avec les pales juste au-dessus de l'eau, prêts à recommencer chaque fois qu'il en donnerait l'ordre.

Au début, les garçons étaient enclins à s'arrêter immédiatement, même s'ils étaient en plein mouvement, s'ils entendaient l'ordre des *rames* . Mais Marco a dit que c'était faux ; il leur fallait achever le coup, dit-il, s'ils l'avaient commencé, et ensuite tous sortir régulièrement les rames de l'eau. Forester avait également soin de donner l'ordre toujours entre le milieu et la fin d'un coup, de sorte que l'obéissance à l'ordre vienne immédiatement après son émission.

De cette façon, Forester pouvait les arrêter instantanément, quand quelque chose n'allait pas. Il ordonnait : « *Cédez le passage* », et alors les garçons commençaient tous à tirer leurs rames. Dès que l'un d'entre eux perdait le coup, ou chaque fois que des rames commençaient à gêner, ou que toute autre difficulté ou accident survenait, il donnait immédiatement l'ordre « *Rames* ». Cela arrêterait instantanément l'aviron, avant que la difficulté ne devienne sérieuse. Puis, après un moment de pause, il disait encore : « *Cédez le passage* », quand ils se remettaient à ramer tous ensemble. Pendant tout ce temps, il était assis à l'arrière et dirigeait le bateau là où ils voulaient aller.

Bon aviron.

Marco souhaitait que Forester enseigne aux garçons comment remonter l'eau, traîner les rames, mettre les rames au sommet et effectuer diverses autres évolutions. Mais Forester mit beaucoup de temps à entreprendre de nouvelles manœuvres avant que les anciennes ne deviennent parfaitement familières. Il passa donc près d'une heure à ramer autour de l'étang, de haut en bas, pour familiariser les garçons avec ce mouvement. Il a constaté, comme c'est en fait universellement le cas chez les débutants dans l'art de l'aviron, qu'ils étaient très enclins à ramer de plus en plus vite, c'est-à-dire à accélérer leurs mouvements, au lieu de ramer régulièrement, en gardant continuellement le même temps. Mais ils se sont progressivement améliorés sur cette faille et, en milieu d'après-midi, Marco a commencé à penser qu'ils formaient un assez bon équipage. Ils pratiquèrent plusieurs nouvelles évolutions au cours de la dernière partie de l'après-midi, et juste avant l'heure du thé, ils rentrèrent tous chez eux, très satisfaits du plaisir de l'après-midi et des nouvelles connaissances et compétences qu'ils avaient acquises. Ils ont également prévu une autre excursion la semaine suivante.

CHAPITRE X.

UNE EXPÉDITION.

Forester et Marco ont bien formé l'équipage de leur bateau en une semaine ou deux et, un agréable jour de septembre, ils ont planifié une longue expédition sur leur bateau. Les garçons se sont retrouvés chez le propriétaire du bateau, à une heure. Deux d'entre eux portaient un grand panier fourni par Forester. C'était assez lourd, et ils ne savaient pas ce qu'il y avait dedans ; mais ils pensaient que c'était une réserve de provisions pour un souper, au cas où ils seraient absents assez longtemps pour avoir besoin d'un souper. Forester portait également une hachette.

Au commandement approprié, les garçons montèrent dans le bateau et prirent leurs différentes stations. Marco a pris sa place en tant qu'archer. Il est du devoir du bowman de veiller en avant, afin que le bateau ne coure aucun danger ; et aussi, quand le bateau arrive à terre, sortir le premier et le tenir par le peintre, c'est-à-dire par la corde qui est attachée à la proue, pendant que les autres descendent. Marco avait une perche, avec une pointe de fer et aussi un crochet de fer au bout, avec laquelle il se défendait , comme on l'appelait, lorsque le bateau risquait de heurter un obstacle. C'est ce qu'on appelait une gaffe.

" *Attention !* " dit Forester, lorsque les garçons furent tous assis.

" *Lancer!* "

Sur ce, les garçons levèrent les rames en l'air, prêts à les lancer dans l'eau.

" *Laissez tomber !* " dit Forester. Les rames tombèrent toutes doucement et ensemble à leur place.

« *Cédez le passage !* » dit Forester.

Le bateau se mit aussitôt à glisser rapidement sur l'eau, sous l'impulsion que lui donnaient les garçons en ramant. " *Équipage à l'aise* ", a déclaré Forester.

Les garçons continuèrent donc à ramer, mais comprirent qu'ils avaient la liberté de parler. L'un d'eux souhaitait savoir où Forester les accompagnait ; mais Forester a déclaré qu'il était tout à fait contraire à la discipline à bord d'un navire de guerre que l'équipage demande au capitaine où il allait. "En outre," dit Forester, "même si je pourrais facilement vous le dire, je pense que vous apprécierez davantage l'expédition, de ne rien savoir à l'avance, mais de prendre chaque chose comme elle vient."

Forester dirigea le bateau de manière à diriger la tête du bateau vers une berge située à quelque distance de l'endroit où ils étaient partis, sur laquelle se trouvait une épaisse forêt de sapins et d'autres arbres à feuilles persistantes poussant près de l'eau. Lorsqu'ils furent assez près de la terre, il leur donna l'ordre de se mettre au garde, afin qu'ils puissent observer le silence lors des manœuvres nécessaires ici. La commande suivante était celle *des rames* . À ce moment-là, les rameurs cessèrent de ramer et maintinrent leurs rames horizontalement au-dessus de l'eau. Pendant ce temps, le bateau glissait vers le rivage.

" *À bord !* " dit Forester.

L'équipage leva ensuite doucement ses rames en l'air et les passa au-dessus de sa tête dans le bateau, les posant sur les bancs dans leur position appropriée, au milieu du bateau. Par cet ordre, l'équipage supposait que Forester allait atterrir.

« Tendez la main, M. Bowman, dit Forester, et éloignez-vous du rivage. »

Forester, au moyen de sa pagaie, avait dirigé le bateau jusqu'à une bûche qui gisait au bord de l'eau, et Marco, se défendant d'abord contre la bûche, pour empêcher le bateau de heurter violemment, puis s'y accrocha. avec son crochet, il l'a mis dans une bonne position pour l'atterrissage et l'a maintenu solidement.

" *L'équipage à terre* ", a déclaré Forester.

L'équipage, qui avait appris tous ces ordres au cours des instructions répétées que Forester et Marco leur avaient données, commença à se lever et à marcher vers la proue du bateau et à descendre à terre. Marco a débarqué le premier et a maintenu le bateau avec sa gaffe pendant que les autres descendaient. Forester a alors ordonné à Marco de faire accélérer le bateau, jusqu'à ce qu'ils soient prêts à embarquer à nouveau.

Forester s'avança alors un peu dans les bois, sa hache à la main, et commença à regarder autour de lui parmi les arbres. Finalement, il choisit un petit arbre, au tronc rond et droit, et commença à l'abattre. Les garçons se rassemblèrent autour de lui, se demandant à quoi cela pouvait bien servir. Forester sourit et travailla en silence, refusant de répondre à aucune de leurs questions. Marco a dit que c'était pour un mât, il le savait, mais quand ils lui ont demandé où était la voile, il a semblé perplexe et n'a pas pu répondre.

Cependant, aussitôt que l'arbre fut abattu, il devint évident qu'il n'était pas destiné à être utilisé comme mât, car Forester commença aussitôt à le couper en tronçons d'environ deux pieds de long. Quel pourrait être son projet, les garçons étaient totalement incapables de l'imaginer. Il ne dit rien, mais ordonna aux garçons de prendre ces longueurs, une à une, et de les mettre dans le bateau. Il y en avait cinq en tout. Puis il a ordonné à l'équipage de remonter à bord. Marco est arrivé le dernier. Quand tout le monde fut assis, l'ordre fut donné de se pousser, les rames furent *lancées* , puis *laissées tomber* dans l'eau. Il leur a ordonné de *reculer* en premier, manœuvre par laquelle le bateau a reculé de la terre vers les eaux profondes. Puis il leur ordonna de *céder* , et en même temps, en faisant tourner la poupe du bateau par sa pagaie, le bateau fut obligé de descendre rapidement le courant.

Le bateau avança rapidement le long des rives de l'étang, et bientôt, en contournant une pointe boisée, les moulins apparurent en vue. En approchant des moulins, ils restèrent assez près du rivage, et atterrirent enfin juste au-dessus du barrage.

Forester a ordonné à l'équipage de débarquer, à un endroit où se trouvait une route menant au bord de l'eau. Cette route a été tracée par les équipes qui descendaient chercher des rondins et du bois de construction dans l'eau. Sous la direction de Forester, les garçons ont tiré la proue du bateau un peu plus haut sur la terre. Puis il ordonna aux garçons de retirer les morceaux de tige du petit arbre, et il plaça l'un d'eux sous l'arc comme rouleau. Les garçons prirent alors les côtés du bateau, trois de chaque côté, chaque garçon étant opposé à son propre bateau, tandis que Marco se tenait prêt à passer sous un autre rouleau. La montée était très graduelle, de sorte que le bateau remontait facilement, et les garçons furent très surpris et ravis de voir leur bateau s'élancer ainsi sur la terre.

Cela leur semblait un exercice d'une grande puissance que de pouvoir amener un si grand bateau si facilement et si rapidement sur une telle ascension sur la terre. Ils ont été aidés à le faire par deux principes. L'une était la combinaison de leur force dans un effort commun, et l'autre était l'influence des rouleaux pour empêcher le frottement du fond du bateau sur le sol.

À présent, toute la longueur du bateau était hors de l'eau et reposait sur quatre rouleaux que Marco avait placés dessous, un à un, au fur et à mesure qu'il avançait. Forester criait alors : « *En avant avec elle !* » lorsque les garçons faisaient deux pas. Ensuite, Forester donnait l'ordre « *Attendez* » et ils s'arrêtaient. À ce moment-là, l'un des rouleaux sortait derrière, et Marco le prenait et le transportait vers l'avant, et le plaçait sous la proue, et Forester disait alors : « *En avant avec elle !* » de nouveau, et le bateau immédiatement remontez à nouveau la pente.

Le Portage.

En très peu de minutes, le bateau fut ainsi enroulé dans une sorte de route dont le chemin était plat. Ici, ça s'est passé très facilement. Bientôt, il commença à descendre, et bientôt les garçons virent que Forester empruntait une sorte de sentier qui menait par une pente douce jusqu'à l'eau immédiatement en dessous du moulin. Ils en furent très contents, car, comme ils avaient déjà fait de nombreuses excursions sur l'étang du moulin, ils en étaient familiers dans toutes ses parties, et ils étaient très animés à l'idée d'explorer de nouvelles régions. En descendant vers l'eau du côté inférieur du moulin, ils n'avaient, bien entendu, aucun effort à faire pour tirer le bateau, puisque son propre poids était plus que suffisant pour le faire descendre sur les rouleaux. Il leur suffisait de le retenir pour éviter qu'il ne coule trop vite et pour le maintenir correctement guidé.

"Cela se déroule assez facilement", a déclaré Marco ; "Mais je ne vois pas comment tu vas un jour le récupérer."

Ce fut en fait une descente longue et assez raide. Les garçons pensaient qu'il leur faudrait bien plus de force qu'ils ne pourraient en exercer pour amener le bateau *à* une telle inclinaison. Forester leur a dit de ne pas avoir peur. Il a dit qu'un bon commandant n'exigeait jamais trop de ses hommes, ni ne les mettait volontairement dans des difficultés sans planifier à l'avance un moyen de s'en sortir.

Ils revinrent bientôt au bord de l'eau. Ici, au lieu de l'étang large et lisse qu'ils avaient au-dessus du barrage, ils trouvèrent un ruisseau tourbillonnant, écumant et coulant rapidement entre les rochers et les rondins. Il y avait aussi un pont sur le ruisseau, un peu en contrebas. Les garçons étaient un peu enclins à avoir peur de s'embarquer, dans ce qui semblait être une navigation plutôt dangereuse, mais ils avaient confiance en Forester et ils obéirent donc volontiers lorsque Forester ordonna à l'équipage de monter à bord.

"Maintenant, M. Bowman", a déclaré Forester, "gardez attentivement devant vous les roches et les chicots, et défendez-vous bien lorsqu'il y a le moindre danger."

Alors Marco s'agenouilla sur un petit siège à la proue du bateau et regarda l'eau devant lui, tandis que Forester propulsait et guidait le bateau avec sa pagaie. Ils avancèrent lentement et par un parcours très tortueux, de manière à éviter les rochers et les bas-fonds, et enfin, juste au-dessus du pont, ils arrivèrent à un passage d'eau plus large et plus lisse : et ici Forester ordonna de sortir les rames. Il n'y avait que quatre ou cinq coups avant d'arriver au pont, et sous le pont il n'y avait qu'un passage très étroit par lequel ils pouvaient passer. Ce passage se faisait entre l'un des piliers et un lit de gravier. Tandis qu'ils avançaient vers elle, Forester cria : « *Cédez fort !* » et tous les garçons tirèrent leurs rames de toutes leurs forces, sans toutefois accélérer les coups. Cela a permis au bateau d'avancer rapidement, puis Forester a donné l'ordre de *suivre*, lorsque les garçons ont simultanément soulevé les rames des écluses et les ont laissées dériver dans l'eau à côté du bateau. Comme le bateau avançait très rapidement, les rames furent immédiatement ramenées près de ses côtés, et se trouvèrent ainsi à l'écart, et le bateau glissa en toute sécurité et rapidement à travers le passage, et émergea dans une plus large nappe d'eau lisse au-delà.

" *Récupérez !* " dit Forester. Les garçons alors, par une manœuvre particulière qu'ils avaient apprise par beaucoup de pratique, ramenèrent leurs rames dans les avirons et relevèrent les pales hors de l'eau, de manière à les mettre en position de ramer. " *Cédez le passage !* " dit Forester, et aussitôt ils furent tous en mouvement, le bateau glissant rapidement sur le courant.

Après avoir continué ainsi quelques minutes, Forester ordonna aux rames *de pointer* et mit l'équipage à l'aise. Lorsque les rames sont en pointe , elles sont légèrement tirées , de manière à ce que le manche de chaque rame puisse passer sous une sorte de taquet ou de rebord, qui longe l'intérieur du bateau près du bord supérieur de celui-ci. Ceci maintient l'aviron fermement en place sans qu'il soit nécessaire de le tenir, la poignée étant sous ce taquet, tandis que le milieu de l'aviron repose dans le verrou de rame. Ainsi les rameurs sont soulagés de la nécessité de tenir leurs rames, et pourtant les rames sont toutes prêtes à être reprises en un instant, chaque fois qu'il devient souhaitable de commencer à ramer.

Pendant ce temps, le bateau dérivait lentement sur le courant. L'eau était ici profonde et relativement calme, et les garçons s'amusaient à regarder par-dessus les rives dans les profondeurs de l'eau. Ils glissaient sans bruit sur divers objets, tantôt un grand rocher plat, tantôt un arbre enfoncé, tantôt un lit de sable jaune. De temps en temps, Forester faisait sortir les rames et faisait céder les rameurs pendant quelques coups, de manière à donner au bateau ce qu'ils appelaient une direction, c'est-à-dire une voie dans l'eau, de sorte que tenir la pagaie en un seul mouvement position ou l'autre le dirigerait. De cette façon, Forester guida le bateau dans la bonne direction, le gardant assez près du milieu du ruisseau.

Ce ruisseau, comme nous l'avons déjà dit, se jetait dans la rivière, et le bateau approchait maintenant rapidement du point de jonction. Quelques minutes plus tard, la rivière apparut. Les garçons pouvaient le voir à quelque distance devant eux, courant avec une grande rapidité près d'une pointe de terre rocheuse qui formait un côté de l'embouchure du ruisseau.

"Maintenant, les garçons," dit Forester, "est-il sécuritaire pour nous de sortir dans ce courant ?"

"Oui," dit Marco, "bien sûr , allons-y."

"Peut-être que nous allons être bouleversés par les déchirures", ont déclaré certains des garçons.

"Peu importe si nous le faisons", a déclaré Marco ; "Il n'est pas profondément enfoncé dans les déchirures et, bien entendu, il n'y a aucun danger."

"C'est certainement en notre faveur", a déclaré Forester. "Chaque fois que le courant devient fort, il est sûr qu'il y est peu profond, de sorte que si nous sommes bouleversés , nous ne serons pas noyés; et là où il est profond, de manière à rendre dangereux pour nous d'y entrer, il est toujours calme, et il n'y a donc aucun risque de bouleversement.

"Quelle en est la raison ?" » dit l'un des garçons.

"La raison est donnée de cette manière", a déclaré Forester, "dans les mathématiques du collège. La vitesse d'un courant est inversement proportionnelle à l'aire de la section."

Les garçons ne comprenaient pas une telle phraséologie mathématique, et Forester a donc présenté son explication dans un langage différent. Il a dit que là où le ruisseau était peu profond ou étroit, le courant devait être plus rapide, afin de faire passer toute l'eau dans un espace si petit, mais que là où il était profond, il pouvait se déplacer lentement.

Forester déposa son équipage sur la pointe rocheuse, d'où ils avaient une vue très agréable sur la rivière. Il leur proposa d'y déjeuner, ce qu'ils acceptèrent. Ils retournèrent donc au bord des rochers, où il y avait un petit bosquet d'arbres, et ils s'assirent sur un rondin qui avait été poli par l'action de l'eau lors des crues et blanchi par le soleil.

Il y avait beaucoup de bâtons secs et de dalles qui traînaient sur le rivage, que Forester ordonna à l'équipage de ramasser afin d'allumer un feu. Il ne faisait pas froid et ils n'avaient pas besoin d'un feu pour cuisiner, mais un feu aurait l'air joyeux et agréable, et ils en allumèrent donc un. Forester avait quelques allumettes dans sa poche. Deux membres de l'équipage rapportèrent le panier du bateau et, lorsqu'ils l'eurent ouvert, ils trouvèrent une abondante réserve de provisions. Il y avait une douzaine de gâteaux ronds et une grande tarte aux pommes qui, comme il n'y en avait que huit, donnait quarante-cinq degrés à chacun. Il y avait aussi un pichet de lait et une tasse en argent, que la mère de Forester leur avait prêtée pour l'excursion, pour y boire.

Les garçons, dont l'appétit avait été aiguisé par leurs efforts dans le portage du bateau autour des chutes et dans l'aviron, ne cessèrent de manger que lorsque les provisions furent entièrement épuisées, puis ils rapportèrent le panier vide au bateau. Peu de temps après, Forester convoqua ce qu'il appelait un conseil de guerre, pour examiner la question de savoir s'il valait mieux descendre la rivière. Il a dit qu'il voulait leur jugement véritable et délibéré dans cette affaire. Il ne voulait pas simplement qu'ils disent ce qu'ils voudraient, mais ce qu'ils pensaient, dans l'ensemble, être le meilleur. Il leur dit qu'il ne devait pas se laisser *guider* par leurs conseils, mais qu'après avoir entendu tout ce qu'ils avaient à dire, il devait agir selon son propre jugement.

"Alors à quoi ça sert de nous demander ?" dit Marco.

"Eh bien, ce que vous direz peut modifier mon jugement. Je n'ai pas dit que je déciderai selon mon jugement tel qu'il est maintenant, mais tel qu'il le sera après avoir entendu ce que vous aurez à dire. Je serai peut-être influencé. C'est la théorie d'un conseil de guerre. Le commandant peut être influencé par les arguments de ses subalternes, mais il n'est pas gouverné par leurs votes.

Forester a alors demandé à chacun des garçons, tour à tour, de donner son avis sur le point. Marco était favorable à la descente de la rivière, mais tous les autres, même s'ils disaient qu'ils aimeraient beaucoup y aller, pensaient que cela ne répondrait pas, car il serait presque impossible de remonter le bateau par-dessus les déchirures. Une fois la consultation terminée, Forester a déclaré: "Eh bien, les garçons, vous avez tous donné des opinions sages sauf Marco, et la sienne n'est pas sage. Maintenant, nous allons monter à bord du bateau."

" *Équipage à bord !* " dit Forester. Les autres ordres se succédèrent rapidement : *Attention ! Lancer! Laisser tomber! Retour en arrière ! Rames ! Céder!* Les garçons considérèrent qu'il était décidé, après avoir entendu ce que Forester avait dit de la sagesse de leurs diverses opinions, qu'ils retournaient maintenant vers le moulin ; mais ils ne savaient pas comment ils allaient ramener le bateau au-dessus du barrage, même s'ils ne doutaient pas que Forester avait un bon plan qu'il ne leur avait pas expliqué. Cependant, au lieu de diriger le bateau vers le haut du courant, Forester le dirigea vers la rivière. Ils pensaient qu'il allait jusqu'au bord de la rivière, et qu'ensuite il ferait demi-tour et reviendrait ; mais, à leur plus grand étonnement, il s'avança hardiment directement dans le courant, puis, levant fortement la barre et criant à l'équipage de céder fortement, le bateau fit volte-face au centre même du courant et abattit le rivière au-dessus des déchirures comme une flèche.

THE EXPEDITION.

L'expédition.

"Cédez le passage, les garçons, cordialement", a déclaré Forester. "Cédez fort."

Les garçons tiraient de toutes leurs forces et le bateau allait de plus en plus vite. Forester l'a gardé au milieu du courant, là où l'eau était la plus profonde, même si même ici elle était très peu profonde. Marco, pendant ce temps , qui était posté à la proue, gardait une vive vigilance vers l'avant et avertissait Forester de tout danger imminent. Ils franchirent bientôt les déchirures et arrivèrent à l' eau profonde et calme en contrebas, où le courant était doux et la surface lisse. Ici, Forester a ordonné que les rames soient en pointe et que l'équipage soit à l'aise.

« Nous ne reviendrons jamais au monde », dit l'un des garçons ; "Quarante hommes ne pourraient pas ramer le bateau sur ces déchirures."

"Essayons", dit Forester. Il ordonna donc de sortir les rames et de mettre le bateau en route. Il fit pivoter sa tête de manière à la diriger vers l'amont, et appelant l'équipage à céder fortement, il la força à retourner dans les eaux rapides. Ils marchèrent sur quelques cannes, mais bien avant d'atteindre la partie la plus rapide, ils s'aperçurent qu'avec tous leurs efforts ils ne pouvaient faire aucun progrès. Le bateau semblait stationnaire. " *Rames* ", dit Forester. Les garçons s'arrêtèrent de ramer, tenant leurs rames en l'air, juste au-dessus de l'eau. Forester, alors, au moyen de sa pagaie, fit de nouveau demi-tour au bateau en disant : « Eh bien, si nous ne pouvons pas monter, nous pouvons descendre le courant. » Il ordonna alors à l'équipage de céder à nouveau, et ils commencèrent à glisser rapidement sur la rivière.

Les garçons se demandèrent comment Forester allait revenir, mais il leur dit de ne pas s'inquiéter à ce sujet. "Cette responsabilité m'incombe", a-t-il déclaré.

"Mais comment es -tu venu ici", dit Marco, "alors que tu as dit que mes conseils n'étaient pas bons ?"

"J'ai dit que votre opinion n'était pas sage. Les garçons qui m'ont déconseillé de venir étaient plus sages que vous. Ils ont donné de meilleurs conseils, dans la mesure où eux et vous compreniez le cas. Mais je sais quelque chose que vous ne savez pas, comme c'est l'habitude avec commandants, et c'est pourquoi je suis descendu. Compte tenu de tout ce que *vous* savez, il aurait été plus sage de repartir, mais compte tenu de tout ce que *je* sais, il est plus sage de descendre.

La curiosité des garçons était très excitée de savoir ce que Forester pouvait savoir, ce qui rendait la descente de la rivière sage ; mais Forester ne voulait donner aucune explication. Il a déclaré que les commandants n'étaient généralement pas très communicatifs avec leurs équipages. Pendant ce temps , le bateau avançait, tantôt filant rapidement à travers les rapides, tantôt flottant d'une manière plus calme et plus tranquille sur la surface de l'eau plus calme. Ils parcoururent ainsi plus d'un mille, appréciant beaucoup le voyage et admirant les paysages variés qui s'offraient à leurs yeux à chaque détour du fleuve.

À un endroit, les garçons débarquèrent sur une petite plage de sable, sous des rochers en surplomb. Ils s'amusèrent à grimper sur les rochers pendant un moment, puis on leur ordonna de remonter à bord et ils repartirent.

Or, il arriva que la rivière, dans la partie de son cours par laquelle ce voyage avait été effectué, faisait un grand tour, et bien qu'ils eussent suivi son cours pendant plus d'un mille, ils s'approchaient maintenant d'un endroit qui n'était pas accessible. très loin de la maison du père de Forester, étant à peu près aussi en dessous que l'endroit où appartenait le bateau dans l'étang du moulin était au-dessus. Alors qu'ils approchaient du point où la rivière tournait de nouveau, Marco, qui regardait auparavant, aperçut une sorte de débarcadère, où se tenait un homme debout, accompagné d'une paire de bœufs. C'était juste le coucher du soleil lorsqu'ils approchèrent de cet endroit. Lorsqu'ils y arrivèrent, tout le mystère fut expliqué, car ils découvrirent que l'homme était James, qui vivait chez le père de Forester , et que les bœufs étaient les bœufs de son père. James était descendu, conformément à un rendez-vous que Forester avait secrètement pris avec lui, avec les bœufs et une traînée, et au moyen d'eux il transporta le bateau jusqu'à l'étang du moulin, par une route secondaire qui traversait directement les pâturages. , et l' a relancé en toute sécurité dans l'eau à proximité de l'habitation de son propriétaire. Les garçons avaient donc pour ainsi dire le plaisir de glisser en bas de la colline, sans avoir à remonter leur traîneau.

La traînée.

Marco était très satisfait de cette expédition. Forester lui raconta, à leur retour chez eux, que les Indiens transportaient souvent leurs canots autour des chutes ou d'une rivière à l'autre, et que de tels lieux de transport étaient appelés *portages* .

CHAPITRE XI.

PERDU DANS LA FORÊT.

Alors que Marco Paul était au Vermont, lui et Forester ont vécu une aventure remarquable dans les bois. En fait, ils se perdirent et, pendant un certain temps, il sembla douteux qu'ils parvenaient un jour à retrouver le chemin du retour. Cela s'est passé ainsi.

Un matin d'automne, Marco, marchant vers la grange avec James, a demandé à James ce qu'il allait faire ce jour-là.

"Je pense que je vais cueillir des pommes", a déclaré James.

"Eh bien," dit Marco. "Tu vas dans la charrette ?"

"Oui," dit James.

"Et puis-je venir avec toi ?" demanda Marco.

"Oui," dit James.

"Et aider à ramasser les pommes ? dit Marco.

"Oui," dit James.

"Et conduire les bœufs un peu ?" demanda Marco.

"Oui," dit James.

"Bien." dit Marco. "Je vais courir chercher mon bâton d'aiguillon."

Marco se dirigea vers la maison avec l'intention d'y entrer et de prendre son aiguillon. En chemin, il rencontra son oncle. Son oncle lui a demandé si James était dans la grange. Marco a dit que oui, et son oncle lui a alors demandé d'aller demander à James de venir le voir. Marco l'a fait, et lui et James sont ensuite venus ensemble vers la maison.

L'oncle de Marco se tenait sur le seuil de la porte.

« James, » dit-il, « je pensais que nous devrions envoyer chercher les chevaux ; et les pommes devraient aussi être cueillies. Que vaut-il mieux faire ?

"Je sais à peine, monsieur", a déclaré James. "Il est grand temps de cueillir les pommes, et pourtant nous avons promis d'envoyer chercher les chevaux aujourd'hui."

"Je peux aller chercher les chevaux", dit Marco, "aussi bien que non. Où est-il ?"

"Oh non," dit son oncle. "C'est à dix ou quinze milles d'ici. N'est-ce pas, James ?"

"Oui," dit James, "par la route. Je suppose que c'est à environ *quatre* milles à travers les bois. J'avais l'intention de marcher là-bas, à travers les bois, puis de rentrer chez moi par la route. C'est une route plutôt difficile. pour les chevaux à travers les bois.

"Laissez partir le cousin Forester et moi", dit Marco. "Je vais aller lui demander."

Alors Marco est allé trouver Forester. Lorsque Forester entendit parler du projet, il fut tout à fait enclin à y adhérer. Il avait été très occupé à étudier depuis quelque temps et avait eu très peu d'exercice et de loisirs, de sorte qu'il fut facilement persuadé d'entreprendre une expédition. Le plan fut bientôt convenu. Les chevaux avaient été mis en pâturage chez un fermier en amont de la rivière, à environ douze milles. En parcourant ces douze milles, la rivière prit un grand détour, de sorte qu'en fait la ferme où paissaient les chevaux n'était pas, en ligne droite, à plus de quatre milles de la maison de M. Forester. Mais le pays intermédiaire était une région désolée et presque infranchissable de forêts et de montagnes. Il existait bien une sorte de sentier par lequel il était possible de passer aux hommes, mais ce chemin était dangereux, et en fait presque impraticable pour les chevaux. James avait donc conçu le projet de marcher à travers les bois par le chemin, puis de rentrer chez lui par la route, montant l'un des chevaux et conduisant l'autre.

Forester et Marco ont conclu à adopter le même plan ; sauf qu'en rentrant à la maison, ils n'auraient qu'un seul cheval à monter. Ils préparèrent quelques provisions pour manger en chemin et les emballèrent dans le sac à dos de Marco. Le sac à dos, lorsqu'il fut prêt, fut attaché sur le dos de Marco, car il insistait pour le porter. Forester consentit à cet arrangement, mais il avait secrètement l'intention de ne pas permettre à Marco de porter la charge très loin.

Forester a demandé à James s'il y aurait des difficultés sur le chemin. James a dit qu'il n'y en aurait pas. Le chemin, même s'il n'était pas facile à parcourir, était très facile à trouver.

« Continuez, » dit-il, « le long de la route secondaire pendant environ trois quarts de mille, puis vous arriverez à une petite école sur le côté gauche de la route, sur une sorte de colline. le quartier de Jones."

"Quelle sorte d'école est-ce ?" » demanda Forestier.

"C'est une petite école, avec une petite coupole au sommet," dit James, "pour clocher. Elle se dresse sur une butte au bord de la route. Juste au-delà, la route principale tourne à droite. , et il y a un chemin plus étroit qui mène à gauche par une porte. Vous devez franchir cette porte et suivre ensuite le chemin dans les bois.

"Nous pouvons le trouver, je pense", a déclaré Forester.

"Oui," dit Marco, "je connais très bien l'endroit."

Forester dit qu'il pensait qu'ils devraient trouver le chemin sans aucune difficulté, et alors, disant au revoir à son oncle et à sa tante, lui et Marco partirent.

Ils traversèrent le jardin, et du jardin ils sortirent par une petite porte dans le verger. Marco souhaitait passer par là pour aller chercher des pommes. Il en choisit deux sur son arbre préféré et les mit dans le sac à dos, et en prit un autre dans sa main pour le manger en passant. Forester fit de même, sauf qu'il mit dans ses poches les deux qu'il portait avec lui.

Du verger, les voyageurs traversèrent un champ et descendirent dans le vallon, et après avoir traversé un ruisseau sur quelques tremplins, ils remontèrent de l'autre côté, et escaladant bientôt une clôture, ils arrivèrent dans ce que James avait appelé l'arrière. route. Ils suivirent cette route pendant environ trois quarts de mille, jusqu'à ce qu'ils arrivèrent enfin en vue de l'école. Marco l'a repéré en premier.

"Voilà," dit Marco, "c'est l'école."

"Comment sais-tu que c'est celui-là ?" » demanda Forestier.

"Oh, je connais très bien le quartier de Jones", a déclaré Marco.

Dans la Nouvelle-Angleterre, l'étendue de pays comprise dans la juridiction d'une ville est divisée en districts pour l'établissement et le soutien des écoles. Ces districts sont appelés districts scolaires, et chacun porte généralement le nom de quelques-unes des principales familles qui y vivent. Il se trouvait qu'il y avait plusieurs familles du nom de Jones qui vivaient dans cette partie de la ville, et c'est pourquoi leur district s'appelait le district de Jones.

"Comment est-ce que tu le sais ?" dit Forestier.

"Oh, je suis venu ici deux ou trois fois avec Thomas Jones pour installer mon piège à écureuil", a déclaré Marco. "Voilà Thomas Jones maintenant."

"Où?" » demanda Forestier.

"Là", dit Marco en désignant la route un peu plus loin.

Forester regarda devant lui et aperçut sur la route devant eux un garçon qui se dirigeait vers l'école, son ardoise sous le bras. Au-delà du garçon, sur la colline du côté gauche de la route, se trouvait l'école elle-même.

THE SCHOOL-HOUSE.

L' École -Maison.

L'école n'était pas loin de la route, et il y avait derrière elle un petit bosquet d'arbres. Au-delà de l'école, et presque juste devant eux, Marco et Forester virent la route tourner un peu à gauche vers la porte.

"Voilà la porte", dit Marco, "que nous devons franchir".

"Oui", a déclaré Forester, "ce doit être celui-là."

Forester et Marco marchèrent jusqu'à ce qu'ils arrivent à l'école. Thomas arriva à l'école avant eux et y entra. Forester et Marco passèrent leur chemin et franchirent le portail. Ils poursuivirent ensuite leur chemin au-delà de la porte jusqu'à ce qu'ils arrivèrent à deux bars. Marco démonta toutes les barres, sauf la barre la plus haute, et Forester, se baissant, passa en dessous. Marco a tenté de faire de même ; mais oubliant qu'il avait un sac à dos sur le dos, il ne se baissa pas assez et frappa son sac avec un tel coup qu'il faillit le renverser. Heureusement , il n'y avait rien de frangible à l'intérieur et aucun dommage n'a donc été causé. Une de ses pommes était un peu ramollie ; c'était tout.

Le sentier conduisait les voyageurs d'abord à travers un pâturage accidenté et rocailleux, puis il pénétrait tout à coup dans un bois où tout avait une expression de grandeur sauvage et solennelle. Les arbres étaient très élevés et consistaient en de hautes tiges, s'élevant à une grande hauteur et surmontées au-dessus d'une touffe de branches, qui formaient ensemble un large dais au-dessus de la tête des voyageurs et produisaient une sorte de sombre crépuscule en dessous. Les oiseaux chantaient sur des notes plaintives au sommet des arbres lointains, et de temps en temps on voyait un écureuil courir sur le sol ou grimper sur le tronc d'une vaste pruche ou d'un pin.

"J'espère que nous ne nous perdrons pas dans ces bois", a déclaré Forester.

"Oh, il n'y a aucun danger", répondit Marco. "Le chemin est très simple."

"Cela semble clair ici", a déclaré Forester, "et je présume qu'il ne peut y avoir aucun danger, sinon James nous aurait recommandé d'aller dans l'autre sens."

"Nous reviendrons à la maison par l'autre chemin", dit Marco. "Je me demande s'il y a des selles. Douze milles, ce serait trop loin pour rouler à cru."

"Oui", a déclaré Forester, "il y a des selles. J'ai interrogé James à ce sujet."

Le chemin que Forester et Marco poursuivaient commença bientôt à monter. Il monta d'abord progressivement, puis de plus en plus précipitamment, et enfin commença à serpenter parmi les rochers et les précipices de telle manière que Marco dit qu'il ne s'étonnait pas du tout que James ait dit que ce serait une route difficile pour les chevaux.

"Je pense que c'est un chemin très difficile pour les garçons", a déclaré Forester.

"Garçons?" répéta Marco. "Est-ce que vous vous appelez des garçons."

"Pour *les hommes* donc", a déclaré Forester.

"Mais *je* ne suis pas un homme", a déclaré Marco.

"Alors je ne vois pas comment je peux exprimer mon idée", a déclaré Forester.

L'attention de Marco était ici détournée de la difficulté rhétorique dans laquelle Forester s'était retrouvé impliqué, par un gouffre très profond d'un côté du chemin. Il s'en approcha et entendit le rugissement d'un torrent bien en contrebas.

"Je veux jeter une pierre", a déclaré Marco. En conséquence, après avoir regardé autour de lui un moment, il trouva une pierre à peu près aussi grosse que sa tête. Il parvint à amener cette pierre au bord du précipice et à la jeter ensuite. Le tonnerre résonnait parmi les rochers et les arbres en contrebas, tandis que Marco se tenait au bord et écoutait le son des échos et des réverbérations. Il prit ensuite une autre pierre plus grosse que la première et la jeta ; après quoi lui et Forester reprirent leur voyage.

Le chemin, bien que très accidenté et tortueux, était assez simple ; et il est probable que les voyageurs n'auraient eu aucune difficulté à le suivre jusqu'au bout de leur route, s'il n'y avait eu un événement qu'ils n'avaient pas du tout prévu, mais qui pourtant s'est produit souvent pour confondre les pas des voyageurs en montagne et les faire perdre leur chemin. Cet événement était une chute de neige.

Il n'était pas assez tard dans l'année pour qu'il neige sur les basses terres, mais la neige tombe très tôt en automne sur les sommets des montagnes. Marco et Forester n'avaient pas prévu de temps orageux d'aucune sorte lorsqu'ils quittèrent la maison ; car le vent soufflait à l'ouest et le ciel était clair. Cependant, quand ils eurent accompli environ la moitié de leur voyage, de grandes masses de nuages laineux commencèrent à passer au-dessus des montagnes, et bientôt, tout à coup, il se mit à neiger. Marco était extrêmement ravi de voir la neige tomber. Forester n'était pas très content. D'un autre côté, il avait l'air quelque peu inquiet. Au début, il ne pensait pas que la neige pourrait leur causer des blessures graves, mais il semblait en éprouver un sentiment indéfini de danger et semblait inquiet. Cependant, ils continuèrent tous deux leur chemin.

La région que traversait le sentier au moment où la neige tombait était une étendue de terrain plat au sommet de la chaîne montagneuse, avec de petits arbres épars ici et là. La meilleure chose, sans doute, que les voyageurs auraient pu faire en cas d'urgence aurait été de faire demi-tour dès qu'il commençait à neiger, et de rebrousser chemin le plus vite possible par le chemin par lequel ils sont venus, pourvu qu'ils soient sûrs de leur destination. le chemin, puis d'attendre que la neige tombée ait fondu. S'ils constataient alors que la neige n'a pas fondu, de sorte qu'ils puissent revoir le chemin, il vaudrait mieux y retourner complètement, car leurs chances de pouvoir suivre le chemin vers leur maison seraient bien plus grandes que celles de poursuivre leur chemin. il avance; car ils pouvaient s'attendre à trouver une certaine direction, en revenant, par leur reconnaissance du lieu qu'ils avaient traversé en montant.

Forester, cependant, n'y pensait pas ; aussi, quand il commença à neiger, son seul désir immédiat était d'avancer le plus vite possible, afin de rentrer dans les bois où lui et Marco seraient en quelque sorte à l'abri.

Marco, constatant que Forester semblait quelque peu anxieux, commença lui-même à ressentir un certain sentiment de peur.

« Qui aurait pensé, dit-il, que nous serions pris dans cette tempête de neige ?

"Oh, ce n'est pas une tempête de neige", répondit Forester. "Ce n'est qu'une petite bourrasque de neige. Ce sera fini dans quelques minutes."

"Comment sais-tu qu'il n'y aura pas de tempête de neige ?" demanda Marco.

"Parce que les tempêtes ne viennent jamais de l'ouest", répondit Forester.

Il neigé cependant de plus en plus vite, et le sol commença bientôt à être entièrement blanchi. Forester a continué, mais il s'est vite retrouvé perdu. L'air était si rempli de flocons descendants, qu'il ne pouvait voir devant lui qu'à une très courte distance. La vue sur les forêts et les montagnes était coupée de tous côtés, et rien ne se présentait à l'œil que les formes sombres des rochers et des arbres qui se trouvaient à proximité . Ceux-là aussi étaient indistincts et informes. Le terrain fut bientôt entièrement recouvert, et tout espoir de retrouver le chemin disparut entièrement. Forester recula alors d'un peu de distance, s'efforçant de revenir sur ses pas. Il suivit les empreintes un peu, mais toute trace fut bientôt effacée. Lorsqu'il constata que les marches n'étaient plus visibles, il se dirigea vers un arbre qu'il aperçut s'élever faiblement à une petite distance devant lui. L'arbre s'est avéré être une grosse pruche aux branches largement étalées. Il y avait un endroit sous cet arbre où le sol était nu, ayant été abrité de la neige par les branches de l'arbre. Il y avait aussi des rochers sous cet arbre. Forester s'approcha d'eux et s'assit. Marco a suivi son exemple.

"Eh bien, Marco", dit Forester, "nous sommes vraiment perdus."

"Et qu'allons-nous faire?" demanda Marco avec un air très inquiet.

"La première chose," dit Forester, "est d'ouvrir le sac à dos et de voir ce qu'il y a dedans de bon à manger."

Forester ôta donc le sac de ses épaules, car il l'avait pris à Marco quelque temps auparavant, et le posant sur une grande pierre plate à côté de lui, il commença à l'ouvrir et à en sortir les provisions.

Forester craignait que Marco et lui ne se soient retrouvés dans une situation assez grave, mais il souhaitait apprendre à Marco que dans des situations d'urgence d'une telle nature, il ne servirait à rien de céder à la panique ou à une anxiété inutile. Il prit donc un air indifférent et content, et fit ses arrangements pour le déjeuner, comme s'ils s'étaient arrêtés là pour le manger de leur propre gré, et sans avoir aucune difficulté aucune pour la suite du voyage.

Marco, cependant, semblait plutôt inquiet.

"Qu'allons nous faire?" a-t-il dit. "Si nous nous perdons dans cette tempête de neige, nous devrons peut-être rester dans les bois toute la nuit."

"Oui", a déclaré Forester, "c'est ce que nous pouvons faire. Nous l'avons déjà fait."

Forester faisait ici allusion à une occasion à laquelle lui et Marco avaient passé la nuit dans une cabane dans les bois, lors d'un voyage dans le Maine.

"Mais nous avions alors une hache", a expliqué Marco, "pour dresser un camp".

"Oui," répondit Forester, "c'est vrai. Je ne pense cependant pas que nous devrons rester dans les bois toute la nuit maintenant. Nous avons *trois* chances de l'éviter."

"Quels sont les trois ?" dit Marco.

"Eh bien, en premier lieu," répondit Forester, "nous pouvons rester où nous sommes jusqu'à ce qu'il cesse de neiger, - en fait, il a presque cessé maintenant. Alors je présume que le soleil se lèvera et que dans une demi-heure il fondra. toute la neige. Nous pourrons alors retrouver notre chemin et continuer notre route.

"Mais je ne pense pas qu'il soit certain que nous puissions retrouver notre chemin", a déclaré Marco.

"Moi non plus", a déclaré Forester, "mais il y a une chance. Je n'ai pas dit que nous avions trois certitudes, mais trois chances."

"Eh bien," dit Marco; "Continuez, quels sont les deux autres ?"

"Si nous ne pouvons pas trouver le chemin", dit Forester, "soit parce que la neige ne fond pas, soit pour toute autre raison, alors nous pouvons rester là où nous sommes jusqu'à la nuit, et les gens, constatant que nous ne rentrons pas à la maison, va nous envoyer chercher. »

"Et comment peuvent-ils nous trouver ?" demanda Marco.

"Eh bien, ils emprunteront le chemin, bien sûr, et nous ne pouvons pas être très loin du chemin, car nous ne l'avons perdu que quelques minutes avant d'arriver ici. Bien sûr, ils arriveront très près de cet endroit ; - - et ils viendront crier toutes les quelques minutes, aussi fort qu'ils le peuvent, et ainsi nous les entendrons.

"Oui," dit Marco, "je vois, c'est une assez bonne chance."

"La troisième chance pour nous", a déclaré Forester, "est de descendre dans le premier vallon ou vallée que nous pouvons trouver, et alors nous arriverons probablement à un ruisseau. Ensuite, nous pourrons suivre le ruisseau jusqu'à la rivière."

"Comment sais-tu qu'il va à la rivière ?" demanda Marco.

"Bien sûr, c'est le cas de tous les ruisseaux de montagne", a déclaré Forester. "Ils descendent partout où ils peuvent trouver une vallée ou un creux, se rejoignant et prenant des branches au fur et à mesure, jusqu'à ce qu'ils descendent dans un pays plat, puis ils coulent vers la rivière la plus proche, et ainsi vers le mer. Maintenant, je sais que la rivière fait un détour autour de cette étendue montagneuse et l'entoure presque, et que tous les ruisseaux qui en sortent doivent se jeter dans la rivière sans aller très loin. Nous pourrions en suivre un, même si nous trouverions probablement le chemin. très dur et difficile. »

"Essayons", dit Marco.

Ce plan fut décidé, et ainsi, lorsque la bourrasque de neige fut entièrement terminée et que le soleil fut levé, Marco et Forester, quittèrent le grand arbre et guidèrent leur course par le soleil, les voyageurs partirent, procédant aussi près que possible. une ligne droite autant que possible, avec l'intention de continuer de cette manière jusqu'à ce qu'ils arrivent à un ruisseau, puis de suivre le ruisseau jusqu'à la rivière. Le plan a parfaitement réussi. Ils descendirent bientôt dans une vallée, où ils trouvèrent un petit ruisseau coulant sur un lit de pierres couvertes de mousse. Ils suivirent ce ruisseau pendant environ un mile, lorsqu'ils arrivèrent à un carrefour entre le ruisseau qu'ils suivaient et un autre. Après ce carrefour, bien sûr, le ruisseau était plus grand et, en de nombreux endroits , ils avaient du mal à s'entendre. Le chemin était encombré de buissons, de rochers et d'arbres tombés, et à un endroit, le ruisseau coulait en un torrent écumant au fond d'un gouffre profond, dont les côtés sortaient directement de l'eau. Ici, les voyageurs étaient obligés de trouver un chemin à distance du ruisseau, se guidant cependant par le bruit de son rugissement. Après avoir traversé le gouffre, ils retournèrent au ruisseau.

Ils arrivèrent en rase campagne vers une heure et trouvèrent avec grande joie qu'ils étaient tout près de l'endroit où paissaient les chevaux. Les chevaux étaient tous prêts pour eux, et Forester et Marco les montèrent immédiatement et partirent pour rentrer chez eux.

Le trajet.

C'était très agréable de rouler à cheval à leur aise, après tous les dangers et les fatigues qu'ils avaient rencontrés. Une partie du chemin qu'ils empruntèrent longeait la rive de la rivière. Marco a vraiment beaucoup apprécié cette partie du trajet.

Ils rentrèrent chez eux vers le coucher du soleil, avec un excellent appétit pour le dîner. Marco était très enthousiaste dans sa manière de raconter ses aventures à sa tante Forester, et il dit, en conclusion, qu'il aimerait tout aussi bien se perdre dans les bois que de ne pas le faire. C'était très amusant.

* 9 7 8 9 3 5 9 9 4 7 3 4 1 *